U0532196

华中科技大学"中央高校基本科研业务费"项目(2024WKZDJC006)
资助出版

中国居民消费行为分析

杨继生　邹建文　黎娇龙　曹彦君◎著

中国社会科学出版社

图书在版编目（CIP）数据

中国居民消费行为分析 / 杨继生等著. -- 北京：中国社会科学出版社，2024.10. -- ISBN 978-7-5227-4423-0

Ⅰ. F126.1

中国国家版本馆 CIP 数据核字第 2024F7S472 号

出 版 人	赵剑英
责任编辑	王　曦
责任校对	殷文静
责任印制	戴　宽

出　　版	中国社会科学出版社
社　　址	北京鼓楼西大街甲 158 号
邮　　编	100720
网　　址	http://www.csspw.cn
发 行 部	010-84083685
门 市 部	010-84029450
经　　销	新华书店及其他书店
印刷装订	北京君升印刷有限公司
版　　次	2024 年 10 月第 1 版
印　　次	2024 年 10 月第 1 次印刷
开　　本	710×1000　1/16
印　　张	12.25
插　　页	2
字　　数	158 千字
定　　价	69.00 元

凡购买中国社会科学出版社图书，如有质量问题请与本社营销中心联系调换
电话：010-84083683
版权所有　侵权必究

序

中国式现代化是全体人民共同富裕的现代化，强调"人民群众的获得感、幸福感和安全感"，这一目标在很大程度上是通过居民消费行为体现的。

本书的内容是对我们近些年中国居民消费行为系列研究成果的总结，旨在准确识别城乡居民消费的内在行为特征及分布结构，有效评估居民消费潜在路径和政策工具的作用效果，为增强消费能力、改善消费条件、创新消费场景、释放消费潜力提供决策依据。

第一，本书基于中国城乡居民消费基本结构参数和行为特征的准确识别，通过反事实模拟，评估各种消费制约因素释放条件下居民消费的潜在路径。

第二，考虑到老年人消费行为的特殊性，本书基于时变的效用函数，识别老年人消费的基本结构参数和行为特征，特别是医疗支出风险和遗赠动机的具体影响。

第三，鉴于中国农村居民宗族聚居的现实特征，本书从社会网络的视角，基于显性化程度不同的各种消费支出行为，具体分析农村居民消费在群组内的相互作用机制。

第四，考虑到烟酒等社交—成瘾性消费在中国居民社会生活中的特殊地位，本书系统地测度了居民对烟酒消费的偏好变迁、显性收入效应和隐性社会成本，并对烟酒等特殊消费品的管控和引导政策提出了有针对性的建议。

第五，本书从供给侧和需求侧动态匹配的角度，测度了中国居民消费的潜在路径，并通过国际比较提出了实现居民消费潜力的可行策略。

对居民结构参数及其在不同群体之间结构异质性的测度，可以为宏观经济政策分析中广泛使用的动态（随机）一般均衡模型提供可靠的校准参数，从而为中国经济模型的构建提供必要的实证基础；而对居民消费行为特征及其结构分化规律的识别，可以对养老、医疗保障、消费信贷、社交—成瘾性消费引导等政策进行系统性的模拟和评估，以优化政策组合及其实施路径。

本书作者包括杨继生教授（华中科技大学）、邹建文博士（中南财经政法大学）、黎娇龙副教授（中南财经政法大学）和曹彦君博士（广州大学）。囿于作者的知识储备和研究能力，书中的错误和不当之处在所难免，祈请读者指正。

杨继生

2024 年 5 月 27 日

目　　录

第一章　居民消费与中国式现代化 …………………………（1）

第二章　居民消费的结构参数和行为特征 …………………（9）
　　一　问题的提出 ……………………………………………（9）
　　二　消费—储蓄生命周期模型 ……………………………（15）
　　三　数据和统计描述 ………………………………………（18）
　　四　结构参数与模型拟合 …………………………………（22）
　　五　反事实模拟 ……………………………………………（27）
　　六　对居民消费平滑行为的再检验 ………………………（34）
　　七　结论及启示 ……………………………………………（37）

第三章　老年人消费的结构参数和行为特征 ………………（40）
　　一　问题的提出 ……………………………………………（40）
　　二　老年人储蓄之谜 ………………………………………（42）
　　三　老年人消费的生命周期模型 …………………………（44）
　　四　样本数据及其统计描述 ………………………………（50）

五　结构参数估计结果 …………………………………… (55)
　　六　老年人消费的决定因素：医疗支出风险
　　　　还是遗赠动机？ ………………………………………… (72)
　　七　进一步的讨论：健康因子与生存风险评价 ………… (76)
　　八　结论及启示 …………………………………………… (78)
　　附录　模型求解算法 ……………………………………… (79)

第四章　农村居民消费的群组行为分析 …………………… (82)
　　一　问题的提出 …………………………………………… (82)
　　二　基于社会经济距离的群组模型及其机制识别 ……… (85)
　　三　样本和数据 …………………………………………… (90)
　　四　同群效应及其贡献度 ………………………………… (94)
　　五　稳健性考虑 …………………………………………… (103)
　　六　结论及启示 …………………………………………… (104)
　　附录　其他实证结果 ……………………………………… (105)

第五章　社交—成瘾性消费及其偏好迁移 ………………… (108)
　　一　问题的提出 …………………………………………… (108)
　　二　社交—成瘾性消费需求模型 ………………………… (111)
　　三　个体成瘾与群体成瘾行为的识别 …………………… (114)
　　四　社交性消费的贡献度 ………………………………… (117)
　　五　成瘾性消费的社会经济效应评估 …………………… (118)
　　六　模型估计、识别与样本数据 ………………………… (121)
　　七　社交—成瘾性消费的偏好变迁及社会经济效应 …… (128)
　　八　结论及启示 …………………………………………… (136)

第六章 供需匹配与居民潜在消费路径 (138)

  一 问题的提出 (138)

  二 中国消费市场的特点 (142)

  三 居民潜在消费路径的识别机制 (145)

  四 变量、数据及模型估计 (151)

  五 中国居民潜在消费路径的测度结果 (153)

  六 居民消费供需结构的国际比较 (159)

  七 结论及启示 (162)

结　语 (163)

参考文献 (165)

第一章 居民消费与中国式现代化

改革开放以来，中国经济经历了40多年的持续高速增长。其中，投资和出口起到了关键性作用。

固定资产投资是中国经济增长的主要动力来源和宏观调控工具。2007年，中国固定资产投资占GDP的比重超过50%，之后一路攀升，2015年达到81.5%。尽管受到新冠疫情等因素的影响，2022年这一比重仍高达48%，远高于各发达经济体。但是，随着基础设施的日趋完善和产业结构的不断升级，固定资产投资的空间日趋缩小，投资的拉动作用也日益减小。

同时，自中国加入世界贸易组织（WTO）后，出口占国内生产总值的比重逐年攀升，2006年最高达到35.4%。近年来，这一比重有所下降，但2022年仍接近20%。然而，面对当今世界百年未有之大变局，中国经济的外部不确定性日益增强，外部市场面临多层次多维度的复杂冲击。过度依赖外循环将为宏观经济的持续增长带来系统性的风险暴露，而畅通内循环，形成更高水平动态平衡是必然的选择。

显然，随着投资和出口作用的弱化，消费对经济的基础性作用受到越来越多的关注。中央经济工作会议将"着力扩大国内需求"

放在2023年经济工作五大重点工作任务之首，提出"要把恢复和扩大消费摆在优先位置"。

但中国居民消费长期受到两个问题的困扰：一是居民消费总量不足，二是居民消费结构不平衡。

一方面，随着经济的高速发展，中国的居民储蓄率快速上升，而消费率快速下滑。特别是在2000年之后，居民消费率下滑明显，从2001年的47.3%降到2019年的38.8%[①]。消费总量不足是当前中国经济面临的重大问题，尤其是在中美贸易争端频繁、外部冲击不断的背景下，中国迫切需要扩大内需化解外部的负向需求冲击。

另一方面，除了消费总量不足的问题，中国消费结构不平衡的问题也日益突出，主要表现为中国二元经济结构导致城乡消费的不平衡。从人均消费支出比人均可支配收入的角度来看，中国城乡居民消费率的动态变化趋势呈现显著的差异。城镇居民消费率自1990年以来一直保持下降的趋势。而农村居民消费率在20世纪90年代下降得更快，但在2000年以后总体呈现回升态势。除了城乡差异，由于经济发展水平和社会风俗的不同，居民消费行为还呈现明显的区域异质性。

中国式现代化是全体人民共同富裕的现代化，强调"人民群众的获得感、幸福感和安全感"，这一价值取向在很大程度上是通过居民消费行为体现的。显然，深入研究城乡居民消费的行为特征及其结构演变，对完善促进消费体制机制、激发居民消费潜力、增强消费对经济发展的基础性作用有着重要的意义。

由于政治和社会制度、经济结构和发展水平、文化传统和风俗习惯等多方面的差异，中国居民消费—储蓄行为与西方国家有显著

---

① 数据来自2002年和2020年《中国统计年鉴》。

不同。所以，无论是在宏观经济分析时，还是在政策设计和政策效应评估时，都不能直接套用西方国家居民的行为参数和行为模式。

本书的研究旨在准确识别中国城乡居民消费内在行为特征及其分布结构，有效评估居民消费潜在路径和政策工具的作用效果，为增强消费能力、改善消费条件、创新消费场景、释放消费潜力提供决策依据。

本书研究的基本逻辑框架如下。

第一，基于准确识别中国城乡居民消费的基本结构参数和行为特征，并通过反事实模拟，评估各种消费制约因素释放条件下居民消费的潜在路径。

第二，考虑到老年人消费行为的特殊性，基于时变的效用函数，识别老年人消费的基本结构参数和行为特征，特别是医疗支出风险和遗赠动机的具体影响。

第三，鉴于中国农村居民宗族聚居的现实特征，从社会网络的视角，基于显性化程度不同的各种消费支出行为，具体分析农村居民消费在群组内的相互作用机制。

第四，考虑到烟酒等社交—成瘾性消费在中国居民社会生活中的特殊地位，系统地测度了居民对烟酒消费的偏好变迁、显性收入效应和隐性社会成本，并对烟酒等特殊消费品的管控和引导政策提出了有针对性的建议。

第五，从供给侧和需求侧动态匹配的角度，测度了中国居民消费的潜在路径，并通过国际比较提出了实现居民消费潜力的可行策略。

1. 城乡居民消费的基本行为特征及政策效应评估

结构模型的优势在于，能够直观地揭示经济变量之间的传导机制，并基于结构参数的测度结果，系统地模拟和评估各种情形下政策工具组合的具体实施效果。

本书将生命周期结构模型和消费保险半结构模型有机结合，准确测度了中国城乡居民的贴现率、风险厌恶系数、收入冲击参数，以及持久性冲击和暂时性收入冲击的部分保险系数等基本参数，并系统性地模拟了在社会保障、消费信贷、房地产等各种消费制约因素释放的情形下，城乡居民消费的潜在路径。

对居民消费基本结构参数的测度，为宏观经济政策分析中广泛使用的动态一般均衡模型、动态随机一般均衡模型等模型的校准提供了可靠的参数依据，为中国经济模型的构建提供了必要的基准参数。结构性识别中国居民消费基本参数、系统性评估中国居民消费制约因素，可以对养老和医疗保障、消费信贷、住房等政策及其组合的实施效果进行系统性、直观的模拟和估计。

研究发现：从城乡对比来看，农村居民具有更大的风险厌恶系数和较小的贴现因子，其预防性储蓄动机及对借贷限制和收入冲击的反应都明显强于城镇居民。城乡居民预防性储蓄动机在居民年轻时呈递增趋势，中年之后逐渐减弱，45岁前后是居民消费平滑行为的转折点。可预期的永久性冲击会在生命周期层面得到平滑，其边际消费倾向明显小于未预期的永久性收入冲击。借贷限制显著制约年轻居民的消费，但对中年以后的消费有促进作用。

相比而言，农村居民更看重当期消费，有更强的风险厌恶。面对可预期的收入冲击，城镇居民在生命周期内的消费平滑能力更强，对收入冲击的保险能力也明显强于农村居民。

在城镇居民中，与拥有高房产净值的居民相比，低房产净值的居民面临更大的收入风险，有更强的预防性储蓄动机，而且更容易受到借贷限制的影响。

上述结论表明：促进居民消费，首先要完善社会保障体系，提升居民对收入风险的防范能力；其次要鼓励消费金融创新，规范发展消费信贷，提升金融对促进消费的支持作用。同时，应着眼居民收入的永久性提高，如提高个人所得税基本减除费用标准、推动消费税立法等，以激发居民消费潜力。

2. 城乡老年人的基本行为特征及政策效应评估

随着65岁以上人口比例逐年增加、15—64岁劳动年龄人口比例持续下降，中国的老龄化问题日趋严重，老年人消费行为的重要性日益凸显。老年人的消费行为与年轻人有着很大的差异。年轻人主要面临收入和工作的风险；老年人则主要面临健康的风险，包括医疗支出风险和生存风险。有效识别健康因素对中国老年人消费行为的影响及其在城乡之间的异质性，是完善社会养老机制和应对社会老龄化、促进老年人消费，加速"内循环"的重要依据。而且，鉴于老年人的消费行为和年轻人有很大的区别，建立刻画老年人消费行为的生命周期模型也是对生命周期理论和预防性储蓄理论的有效补充。

据此，在全面分析城乡居民消费行为特征的基础上，本书进一步考虑随着年龄的增长，老年人消费效用的变化，引入时变的消费效用，建立了带有医疗支出风险、遗赠动机、健康因子、退休因子、最低生活保障等要素的消费—储蓄生命周期模型，借以分析中国老年居民消费—储蓄行为的内在机制和政策调节效应。

研究发现：医疗支出风险减少了老年居民约1/3的消费，显著大于遗赠动机的影响。相较城镇居民，农村居民面临更大的医疗支出风险，受医疗支出风险的影响也更大，受遗赠动机的影响较小。退休因子对城镇居民65岁前后的消费行为具有明显的平滑作用，会显著降低退休初期的消费路径。基于对生存风险的主观评价，老年人会在75岁（样本期的社会平均预期寿命）以后有意识地提前消费，显著改变其消费平滑模式。

上述结论表明：完善以医疗保障为核心的社会养老机制，做到"老有所养"，是应对农村老龄化和促进农村老年人消费的关键。同时，通过延迟退休等形式做到"老有所为"，则是促进城镇老年人消费的有效途径。

3. 农村居民消费行为的结构分化及其政策促进机制

缘于宗族聚居，中国农村居民消费行为深受群组因素的影响。考虑到中国农村地区独特的消费文化及紧密的邻里关系，我们从衣着、食品、人情往来和教育支出入手，分析群组和环境因素变迁对中国农村地区不同消费层次家庭的具体影响，识别农村居民消费的行为特征和结构差异。

传统视角的分析很少考虑社会网络中个体之间经济距离的影响。本书结合个体与同伴之间的经济距离及个体特征差异，基于个体家庭在群组内消费抉择的效用函数，优化得到居民家庭消费选择的行为方程。基于该行为方程，测度了居民决策中"自主行为"和"顺势而为"两种作用机制的贡献比例，不但提供了更具经济意义的估计参数，而且揭示了农村居民消费选择中同群效应的微观发生机制。

研究发现：家庭消费中的顺应性倾向在购买食品方面为74.8%，衣着消费为61.3%、人情消费为44.5%、教育支出为32.6%。对于日常必需品的支出，如食品和衣服，相比自身情况，同伴消费决策所带来的同群效应是决定家庭消费行为的更重要的因素；而对于人情往来与教育支出，中国农村家庭在作出消费决策时在更大程度上会受到"自主行为"作用机制的影响，而非"顺势而为"。

相较隐性消费，显性消费的群组效应更强，这为政府和企业制定消费刺激政策提供了有针对性的策略依据。

4. 社交—成瘾性消费行为的社会经济效应评估与政策管制

烟酒消费在中国居民的社会经济活动中扮演着特殊的角色。在导致个体生理和心理成瘾的同时，烟酒作为社交媒介，还形成了社会群体的依赖性，并作为社交"符号"影响社会意识和社会认知。那么，随着经济发展和收入水平的提高，居民对烟酒的偏好有怎样的变化？这种社交—成瘾性消费行为有怎样的社会经济效应？对社会意识和社会认知又有怎样的影响？这是分析居民消费行为时需要考虑的特殊问题。

本书系统地测度了社会群体对烟酒消费的偏好变迁、显性收入效应和隐性社会成本，并对成瘾品的管控政策提出了建议。

研究发现：烟的社交性消费比例较低，主要表现为个体成瘾行为；而酒类消费的个体依赖性较弱，社交性消费比例较高并随着收入的提高而上升，主要表现为群体成瘾行为。因此，相较而言，酒类消费对社交活动和社会风气的影响更大。烟酒消费虽然具有直接的收入效应，但考虑了健康损失的隐性成本和生理伤害以后，其社会经济总效应是负值，所以社交成瘾性消费并不具有润滑社会经济运行的积极作用。相反，形成良好的烟酒消费风气，并对烟酒消费进行合理的引导和管控，有利于经济的长期增长和社会的健康发展。

特别地，市场价格对调节烟酒消费是无效的。而且，由于攀比心理，价格上涨反而会刺激酒类消费，因此价内的消费税不具有遏制烟酒消费的作用。抑制社交成瘾性消费不仅依赖消费观念提升对攀比消费的自觉抵制，更依赖管制政策的外生制约。

5. 居民潜在消费路径的评估与政策促进机制

供需结构不匹配是居民消费不振和内循环受阻的一个重要原因。本书通过对消费市场层级的界定和划分，测度中国消费市场供需结构的错配度及其对应时点，模拟供需匹配情形下中国居民消费的潜在路径。

研究表明，中国从2006年开始呈现明显的供需结构错配现象。

自2006年以来,居民消费不足率平均为20%。在样本期末的2016年,中国居民的消费不足率约为25%。即在供需基本匹配的条件下,中国居民消费有约20%的提升空间。

我们同时测算了与中国经济具有一定可比性的部分国家的居民消费潜在路径,包括新兴市场人口大国印度、成功跨越中等收入阶段的韩国,以及长期处于中等收入水平的南非。结果表明,对于中国这样的人口大国,制造业结构升级和品牌培育是匹配居民消费需求、提升经济长期增长空间的有效途径。

总之,本书基于中国式现代化的现实要求,通过对中国居民消费行为的系统分析,全面揭示了不同消费群体、不同消费类型的基本行为特征,评估了各种关键因素的作用机制和具体效应,识别了中国居民消费的潜在路径和潜在空间,为促进居民消费、完善社会保障机制,提出了有针对性的政策建议和客观依据。

第二章　居民消费的结构参数和行为特征

正确识别中国居民消费的行为特征及其结构性差异，是激发居民消费潜力和扩大内需的关键。居民的贴现因子、风险厌恶系数、收入冲击参数等结构参数，能够直观地刻画居民消费的行为特征和传导机制，不但具有明确的经济学含义，也是宏观经济动态均衡分析所必需的基准参数。由于政治和社会制度、经济结构和发展水平、文化传统和风俗习惯等多方面的差异，中国居民消费—储蓄行为的结构参数与西方国家有显著不同，在进行宏观经济均衡分析和政策效应评估时，不能直接借用西方国家居民的测度结果。

本章基于消费—储蓄生命周期模型，揭示中国居民消费平滑的行为特征及其结构差异，一方面可以为中国宏观经济均衡路径及其波动性分析提供基准参数，另一方面可以对居民消费支持政策的作用机制、实施效果进行动态的模拟和评估。

一　问题的提出

中国经济的高速增长一直伴随高投资和低消费。在资本过度积累的情况下，扩大内需不能再过度依赖基础设施建设投资，促进居民消费是扩大内需应对外部冲击的根本途径。但中国居民消费长期受两个问题的困扰：一是居民消费总量不足，二是居民消费结构不平衡。

首先，随着经济的高速发展，中国的居民储蓄率快速上升（Chamon and Prasad，2010），消费率快速下滑。虽然近几年居民消费率有所回升，但是居民消费在GDP中的比重依然不足40%，如图2-1所示。

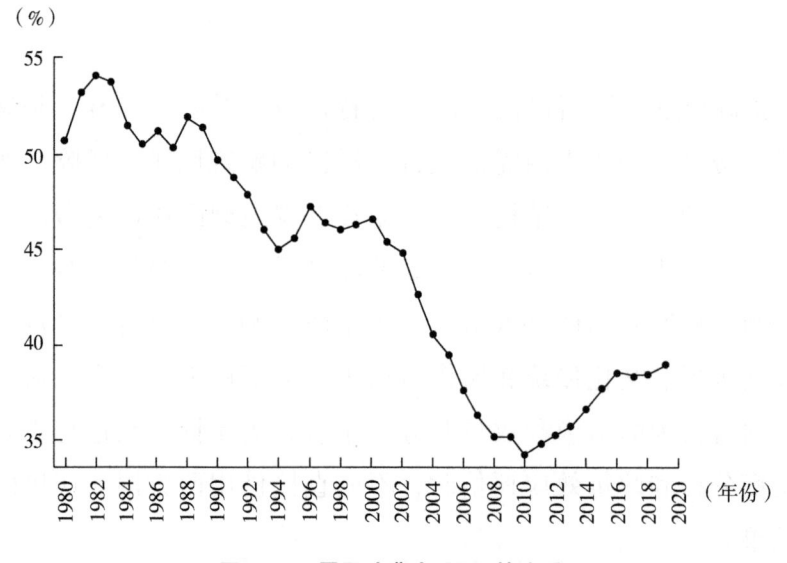

图2-1 居民消费占GDP的比重

其次，除了消费总量不足的问题，居民消费结构不平衡的问题也日益突出。消费行为异质性既表现在居民生命周期的不同阶段，也表现在城乡居民之间。

在生命周期层面，不同于生命周期理论预测的居民储蓄率和年龄之间的倒"U"形关系，中国家庭的储蓄率和户主年龄呈现"U"形关系（李蕾、吴斌珍，2014；Chamon and Prasad，2010；

Ge et al.，2018），家庭的消费—储蓄行为在生命周期层面具有显著的异质性。[①]

在城乡之间，从人均消费支出占人均可支配收入的比重来看，见图2-2，居民消费率的动态变化趋势呈现显著差异。城镇居民消费率自1990年以来一直保持下降趋势。而农村居民消费率在20世纪90年代下降得更快，但在2000年以后总体呈现回升态势。[②]

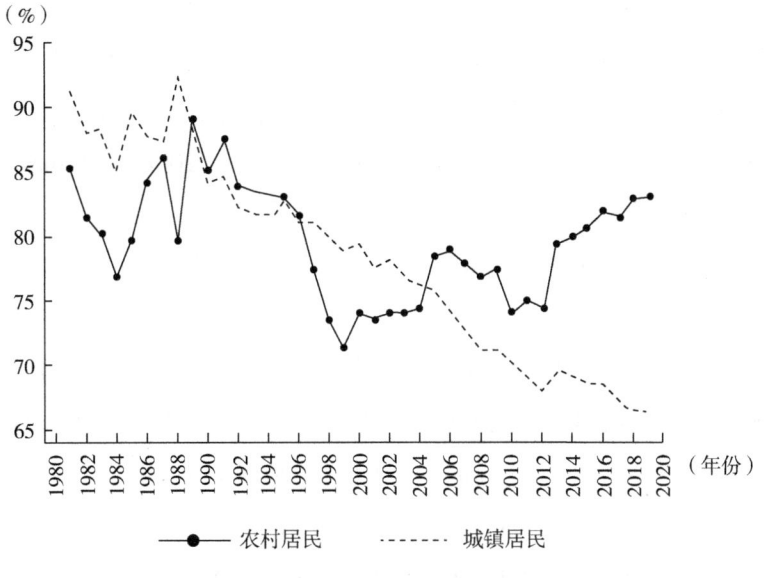

图2-2 人均消费支出占人均可支配收入的比重

有效识别居民在生命周期不同阶段和城乡之间的消费行为异质性，对激发居民消费潜力、完善消费潜力实现机制有着重要的参考意义。

关于中国居民消费不足和高储蓄的原因，现有研究大多认为消

[①] 李宏彬等（2015）、邹红和喻开志（2015）研究了居民退休前后的消费平滑行为，这是另一种生命周期层面的消费行为异质性。
[②] 2002年新型农村合作医疗（"新农合"）和2009年新型农村养老保险（"新农保"）可能在其中发挥了作用。

费平滑动机是中国居民消费需求相对不足的重要原因。凌晨和张安全（2012）、臧旭恒和张欣（2018）、He 等（2018）分别从不同角度验证了中国居民消费平滑动机的存在。

现有文献通常用消费保险（也称部分保险）来描述居民消费对收入冲击的响应。① Blundell 等（2008）将消费保险定义为收入冲击传递到消费变化上的程度（收入冲击的边际消费倾向）。消费变化对收入冲击的反应越小，对收入冲击的保险机制越完善，消费的保险程度就越大。在完全市场下，居民能够实现完全的消费保险，消费变化对永久性冲击和暂时性冲击的反应均为零。不过，大量的研究都拒绝了完全保险的存在（Blundel et al.，2008；Attanasio and Pavoni，2011）。

在消费保险的经验研究中，Blundell 等（2008）的研究最具代表性，其利用 PSID 和 CEX 合成收入消费面板数据，估计了收入冲击传递到消费变化上的程度（部分保险）。② Kaufmann 和 Pistaferri（2009）在 Blundell 等（2008）的基础上进一步讨论了部分保险的识别问题。Santaeulàlia-Llopis 和 Zheng（2018）利用 CHNS 和 CHIP 数据合成了收入—消费面板数据，基于 Blundell 等（2008）的框架研究了中国收入动态和部分保险的长期趋势和城乡差异。

关于消费保险的研究基本都属于经验性分析，而并未从居民消费行为的角度揭示生命周期层面的消费平滑机制。

生命周期模型是研究居民消费平滑行为的基准模型。早期的生命周期—持久收入假说未考虑预防性储蓄行为，认为消费变化对永久性收入冲击具有完全的反应，而对暂时性收入冲击的反应很小。然而，大量研究发现，消费对永久性收入冲击的反应低于永久性收入假说的

---

① 相关综述性文献有 Meghir 和 Pistaferri（2011）、邹红等（2013）、惠炜和惠宁（2016）。
② Heathcote 等（2014）、Blundell 等（2016）进一步考虑了劳动供给对消费保险的影响。

预测，也就是消费存在"过度平滑"的现象（Blundell et al.，2008；Attanasio and Pavoni，2011）。

对"过度平滑"现象的一个重要解释是预防性储蓄行为。Carroll（1997）基于预防性储蓄模型发现收入具有不确定性的居民会表现出预防性储蓄行为。Kaplan 和 Violante（2010）基于校准的预防性储蓄模型，建立了 Blundell 等（2008）模型识别部分保险系数的条件。Chamon 等（2013）基于校准的预防性储蓄模型，分析中国居民和美国居民的预防性储蓄行为，认为收入不确定性是中国高储蓄率的重要原因。不过，上述研究主要是对消费—储蓄生命周期模型的校准研究，主要关注理论层面，而不涉及结构参数的估计，更无法有效模拟现实背景下居民消费的具体行为特征。

与模型校准研究不同，结构模型估计是利用样本数据直接估计模型的结构参数，其实证结果具有更强、更直观的经济学意义。在相关研究中，Gourinchas 和 Parker（2002）、Alan 和 Browning（2010）、Guvenen 和 Smith（2014）等的研究最具代表性。Gourinchas 和 Parker（2002）首次估计了一个存在收入不确定性的消费—储蓄生命周期模型，基于模拟矩方法估计贴现率和风险厌恶系数。[1] Alan 和 Browning（2010）则在收入动态—消费动态模型中充分考虑了参数的异质性。[2] 而 Guvenen 和 Smith 等（2014）基于消费—储蓄生命周期模型考虑了对收入过程的贝叶斯学习、部分保险、借贷限制等问题。[3] 此外，Choi 等（2017）估计了一个带有递归偏好的消费—储蓄模型，以分

---

[1] 类似 Gourinchas 和 Parker（2002）的研究，Cagetti（2003）基于消费—储蓄模型研究生命周期的财富积累，French（2005）估计了一个带有劳动供给和退休行为的生命周期模型，Laibson 等（2015）估计了一个带有短期贴现率和长期贴现率的消费—储蓄模型。其他基于 Gourinchas 和 Parker（2002）的研究还有 De Nardi 等（2010）、French 和 Jones（2011）、De Nardi 等（2016b）、Blundell 等（2016）、Dobrescu 等（2017）、Pagel（2017）、Blundell 等（2018）。

[2] 基于 Alan 和 Browning（2010）的研究有 Alan（2012）、Alan 等（2018）。

[3] 基于 Guvenen 和 Smith（2014）的研究有 Chang 等（2018）。

析中国和美国居民预防性储蓄行为的具体差异。

国内对居民预防性储蓄行为的研究大致可归为两类：一是基于简约方程的回归，寻找测度收入风险的代理变量，以考察收入风险对消费的影响。而收入风险的测度指标，周绍杰（2010）使用消费增长率的平方项，黄祖辉等（2011）使用收入残差的方差，臧旭恒和张欣（2018）使用相对等价谨慎性溢价，He等（2018）使用收入在时间维度上的方差。二是基于欧拉方程，推导预防性储蓄动机的检验表述。例如，凌晨和张安全（2012）基于欧拉方程的二阶泰勒展开，而雷震和张安全（2013）基于常绝对风险厌恶系数效用（CARA）。上述文献旨在检验居民预防性储蓄动机，而非揭示居民在生命周期中的消费平滑机制。

本章基于生命周期理论，分析居民消费平滑的行为特征及其在生命周期不同阶段之间、城乡之间的结构性差异。首先，本书建立了一个带有收入冲击的消费—储蓄生命周期模型，通过匹配实际的与模拟的生命周期消费，基于模拟矩方法估计结构参数。其次，基于结构参数估计结果进行了系统的反事实模拟：一方面，基于预防性储蓄的影响分析如何提升居民消费意愿；另一方面，基于借贷限制和收入冲击的影响分析如何提升居民消费能力。最后，从消费保险的角度，对居民消费平滑的行为特征进行进一步的检验。

同时，与现有的基于消费—储蓄生命周期模型分析中国居民消费的文献相比（徐舒、赵绍阳，2013；Chamon et al.，2013；Choi et al.，2017），本章的不同之处在于：首先，基于中国城乡居民消费行为的结构参数估计，系统分析了预防性储蓄、借贷限制和收入冲击的动态效应，以便为提升居民消费意愿和消费能力、完善消费潜力实现机制提供借鉴；其次，从消费保险的角度，对居民消费平滑的具体行为特征及生命周期异质性做了进一步的检验。

二 消费—储蓄生命周期模型

（一）模型设定

类似 Gourinchas 和 Parker（2002）的做法，考虑一个生命周期模型，个体 i 在 $t=1$ 期进入劳动力市场，每期获得收入 Y_t，个体最多存活至 T_N 期。在每一期，个体可以从消费 C_t 中获得效用 $u(C_t)$，个体最大化其生命周期内消费的总效用：

$$u(C_t) + E_t\left\{\sum_{j=t+1}^{T_N}\beta^{j-t}u(C_j)\right\} \qquad (2-1)$$

式中：β 为贴现率，β 越大，表示未来消费的效用贴现到现在的值越大，即个体越重视未来的消费。

效用函数采用 CRRA 的形式，即

$$u(C_t) = \frac{C_t^{1-\rho}}{1-\rho} \qquad (2-2)$$

式中：ρ 为风险厌恶系数，ρ 越大，代表越厌恶风险。

个体的预算约束为

$$A_{t+1} = R \cdot (A_t - C_t) + Y_{t+1} \qquad (2-3)$$

式中：A_t 为 t 时期的可用于消费的总财富（t 时期的资产加上收入）；R 为总利率；Y_t 为 t 时期的收入。

本章要同时研究农村居民和城镇居民，虽然农村居民并没有明确的退休年龄，但为了与城镇居民保持一致，仍假设个体工作到 T 期，在 T 期之后退休。个体在退休前 $t \leq T$，收入 Y_t 由永久性部分 P_t（永久性收入）和暂时性部分 M_t 组成，并满足

$$Y_t = P_t M_t$$
$$P_t = G_t P_{t-1} N_t$$

式中：G_t 为 t 期永久性收入的增长率；M_t 和 N_t 分别为收入的暂时

性冲击和永久性冲击，满足

$$\ln M_t \sim N(0, \sigma_m^2), \ln N_t \sim N(0, \sigma_n^2)$$

（二）欧拉方程求解

对于个体的最大化问题，式（2-1）的递归形式可以用如下的贝尔曼方程来描述：

$$V_t(A_t, P_t) = \max_{C_t} \{u(C_t) + \beta E_t[V_{t+1}(A_{t+1}, P_{t+1})]\} \quad (2-4)$$

个体的退休时点是这一前向迭代过程的起点。类似 Gourinchas 和 Parker（2002）的做法，本书设定个体退休时的值函数作为边界条件：

$$V_{T+1}(A_{T+1}, P_{T+1}) = \theta \frac{(A_{T+1} + \kappa \cdot P_{T+1})^{1-\rho}}{1-\rho} \quad (2-5)$$

基于式（2-4）的一阶条件，得到在 $1 \leq t < T$ 时的欧拉方程为

$$u'[C_t(A_t)] = \beta R E_t\{u'[C_{t+1}(A_{t+1})]\} \quad (2-6)$$

当 $t = T$ 时，欧拉方程为

$$u'[C_t(A_t)] = \beta R E_t\{\theta u'(A_{T+1} + \kappa \cdot P_{T+1})\} \quad (2-7)$$

为了简化求解，参照 Carroll（1997）、Gourinchas 和 Parker（2002）的做法，用永久性收入 P_t 对消费、收入和财富进行标准化，以减少状态变量的个数。这样，个体的预算约束式（2-3）就表述为

$$a_{t+1} = \frac{R(a_t - c_t)}{G_{t+1} N_{t+1}} + M_{t+1} \quad (2-8)$$

式中：a_t 和 c_t 分别为用永久性收入 P_t 标准化之后的财富和收入，即

$$a_t = \frac{A_t}{P_t}, c_t = \frac{C_t}{P_t}$$

由此，当 $1 \leq t < T$ 时，欧拉方程为

$$u'[c_t(a_t)] = \beta R E_t\{u'[c_{t+1}(a_{t+1}) G_{t+1} N_{t+1}]\} \quad (2-9)$$

当 $t = T$ 时，欧拉方程为

$$u'[c_t(a_t)] = \beta RE_t\{\theta u'(a_{T+1}+\kappa)\} \qquad (2-10)$$

对式（2-10）进行整理，可得退休时的消费函数：

$$c_T = \frac{(\beta R\theta)^{-\frac{1}{\rho}} \cdot (1+\kappa)}{1+(\beta R\theta)^{-\frac{1}{\rho}} \cdot R} + \frac{(\beta R\theta)^{-\frac{1}{\rho}} \cdot R}{1+(\beta R\theta)^{-\frac{1}{\rho}} \cdot R} \cdot a_T \qquad (2-11)$$

由此，退休时的消费函数可以表述为线性形式：

$$c_T = \gamma_0 + \gamma_1 \cdot a_T \qquad (2-12)$$

式中：γ_0 和 γ_1 均反映了退休时的消费与资产的关系，即 γ_1 越大，退休时资产用于消费的比例就越大；γ_0 越大，退休时与资产无关的消费就越大。相比 θ 和 κ，γ_0 和 γ_1 的经济意义更明确。

（三）结构参数估计

在此，本书利用模拟矩方法（method of simulated moments，MSM）估计消费—储蓄生命周期模型的结构参数。

给定收入冲击参数 $\chi = \{\sigma_n^2, \sigma_m^2\}$，可以利用模拟矩方法估计偏好参数 $\vartheta = \{\beta, \rho, \gamma_0, \gamma_1\}$。具体做法如下。

首先，给定 χ，从第 T 期到第 1 期逆向递归数值求解上述的动态规划问题 [式（2-4）]，得到每一期的最优消费规则。具体来说，从第 T 期开始，从后往前依次求解欧拉方程，即式（2-10）和式（2-9），就可以得到从第 1 期到第 T 期的消费函数 $\{c_t(a_t)\}_{1 \leq t \leq T}$。这与徐舒和赵绍阳（2013）等研究类似，本章使用 Carroll（2006）的内生格点法求解各个时期的消费函数。

其次，对于给定的消费规则，可以利用式（2-8）从第 1 期到第 T 期数值模拟 I_s 个个体的生命周期的消费路径 $\widehat{C}_{i,t}^s(\vartheta; \widehat{\chi})$。[①]

最后，选择结构参数，使数据中的生命周期消费路径 $\widehat{C}_{i,t}$ 与模拟

[①] 在实证分析中，取 $I_s = 20000$。

出来的生命周期消费路径 $\widehat{C}_{i,t}^s(\vartheta;\widehat{\chi})$ 的距离最小。

综上，模拟矩估计的矩条件就是

$$g_t(\vartheta;\widehat{\chi}) = \frac{1}{I_t}\sum_{i=1}^{I_t}\ln\widehat{C}_{i,t} - \frac{1}{I_s}\sum_{i=1}^{I_s}\ln\widehat{C}_{i,t}^s(\vartheta;\widehat{\chi}) \quad (2-13)$$

通过最小化如下的目标函数得到 $\widehat{\vartheta}$ 的模拟矩估计量：

$$\widehat{\vartheta} = \arg\min g(\vartheta;\widehat{\chi})'Wg(\vartheta;\widehat{\chi}) \quad (2-14)$$

式中：$g(\vartheta;\widehat{\chi}) = [g_1(\vartheta;\widehat{\chi}), g_2(\vartheta;\widehat{\chi}), \cdots, g_T(\vartheta;\widehat{\chi})]'$。

现有文献通常使用对角矩阵作为加权矩阵，W 的对角元素为每一时期 $\ln\widehat{C}_{i,t}$ 的方差的倒数，则估计得到的参数 $\widehat{\vartheta}$ 的方差—协方差矩阵为

$$Var(\widehat{\vartheta}) = (G'_{\vartheta}WG_{\vartheta})^{-1}G'_{\vartheta}W[V\emptyset I + V/I_s +$$
$$G_{\chi}Var(\widehat{\chi})G'_{\chi}]WG_{\vartheta}W(G'_{\vartheta}WG_{\vartheta})^{-1} \quad (2-15)$$

式中：G_{ϑ} 为 $g(\vartheta;\widehat{\chi})$ 关于 ϑ 的雅克比矩阵；G_{χ} 为 $g(\vartheta;\widehat{\chi})$ 关于 χ 的雅克比矩阵；V 为对角矩阵，对角元素为每一时期 $\ln\widehat{C}_{i,t}$ 的方差；I 为对角矩阵，主对角线上元素为每一时期 $\ln\widehat{C}_{i,t}$ 的样本量 I_t；$Var(\widehat{\chi})$ 为 $\widehat{\chi}$ 的方差—协方差矩阵；$\emptyset$ 为两矩阵对应元素相除。

三　数据和统计描述

（一）样本数据

本章的样本数据来自北京大学中国社会科学调查中心的中国家庭追踪调查（CFPS）2010 年、2012 年、2014 年、2016 年四期的数据。CFPS 提供了对中国家庭的追踪调查，跟踪收集个体、家庭、社区三个层次的数据，非常适合研究中国居民的动态行为。

在选取样本点时，本书做了如下处理：①剔除收入和消费在 1% 以下和 99% 以上的样本；②只保留户主年龄在 22—65 岁的样本；③只保留在 2010 年、2012 年、2014 年、2016 年都有观测值的样本。

样本数据中最关键的变量是收入和消费，这里的收入为调整后的家庭纯收入，并且都是以 2010 年为基期的可比收入。消费为家庭居民消费性支出，消费使用 CPI 进行平减。

表 2-1 对主要变量作了描述性统计。可以看出，城镇居民的收入、消费和受教育程度都要显著高于农村居民，家庭规模和男性比例则显著低于农村居民。

表 2-1　　　　　　　　　主要变量描述性统计

变量	农村居民		城镇居民	
	均值	标准差	均值	标准差
收入（元）	34514	31142	48375	39772
消费（元）	29399	27973	41673	35578
家庭规模（人）	4.315	1.775	3.639	1.525
受教育程度	2.285	1.005	3.025	1.263
年龄	49.000	9.204	49.080	9.546
性别	0.834	0.372	0.691	0.462
样本量	17323		11579	

（二）消除个体特征和家庭特征的影响

在第二部分的消费—储蓄生命周期理论模型中，没有考虑家庭规模、个体受教育程度等的影响。所以，需要先对数据中的收入和消费进行调整，以消除上述个体特征和家庭特征的影响。

为此，本书首先以对数收入和对数消费对个体特征和家庭特征进行回归，得到对数收入和对数消费的残差。

$$\ln Q_{it} = f(age) + X_{it}\beta + \varepsilon_{it} \quad (2-16)$$

式中：Q 为收入或消费；X 为户主的个体特征如受教育程度、性别、家庭规模及年份虚拟变量和省份虚拟变量；age 为户主的年龄；

$f(age)$ 为户主年龄的函数，这里利用非参核密度的方法估计，以获得关于年龄的平滑函数。回归得到的对数收入和对数消费的残差为

$$\ln \widehat{Q}_{it} = \widehat{f}(age) + \widehat{\varepsilon}_{it} \quad (2-17)$$

将对数收入和对数消费的残差作为前文理论模型的输入变量。其中，收入冲击参数可以参照现有文献的做法（Meghir and Pistaferri, 2004; Blundell et al., 2008），使用最小距离法进行估计。

（三）残差不平等

在估计结构参数之前，可以先考察一下对数收入和对数消费的残差不平等的生命周期特征。[①]

图 2-3 中的实线和虚线分别表示居民对数收入和对数消费的残差方差。显然，无论是农村居民还是城镇居民，生命周期内对数消费的残差方差都要低于对数收入的残差方差，这反映出消费平滑的存在。

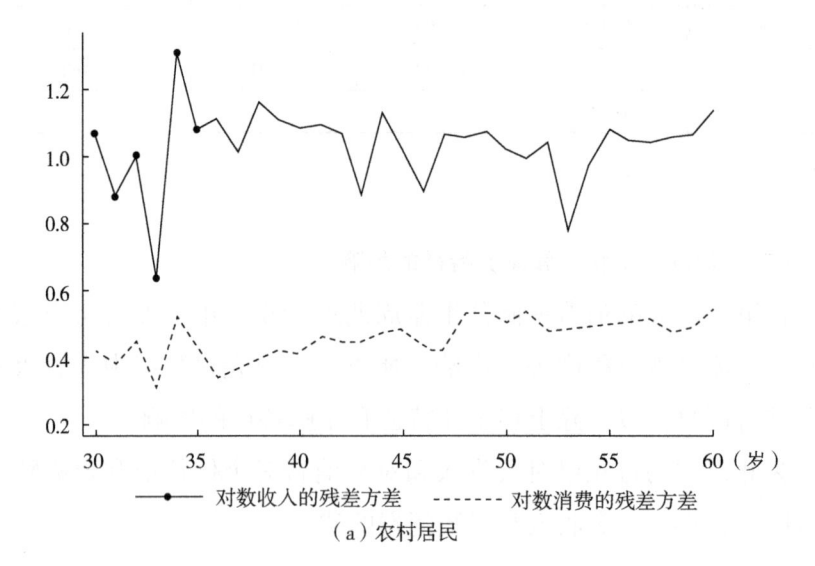

(a) 农村居民

[①] 邹红等（2013）、Ding 和 He（2018）、Santaeulàlia-Llopis 和 Zheng（2018）研究了中国消费不平等与收入不平等的关系。

(b)城镇居民

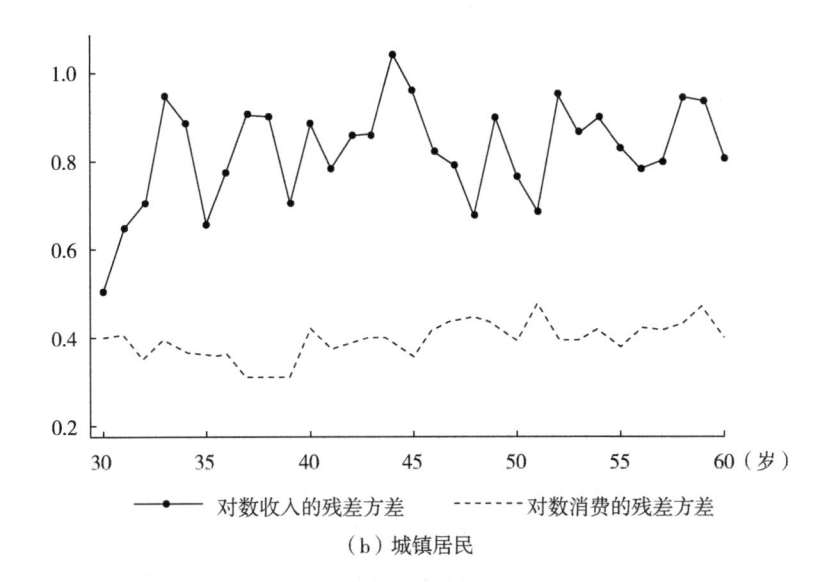

图 2-3 对数收入和对数消费的残差不平等

图 2-4 是城乡居民之间的比较。可以看出，城镇居民的对数收入残差方差和对数消费残差方差都要低于农村居民，表明农村居民面临更大的收入风险和消费风险。

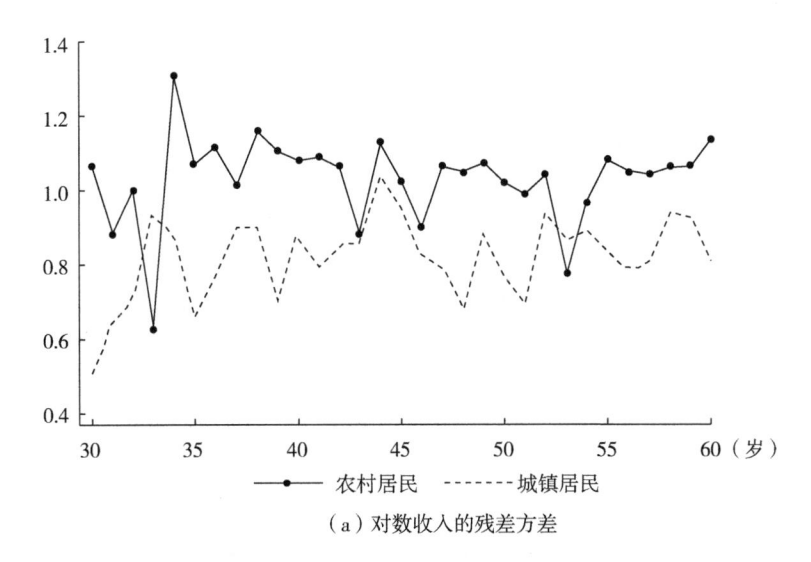

(a)对数收入的残差方差

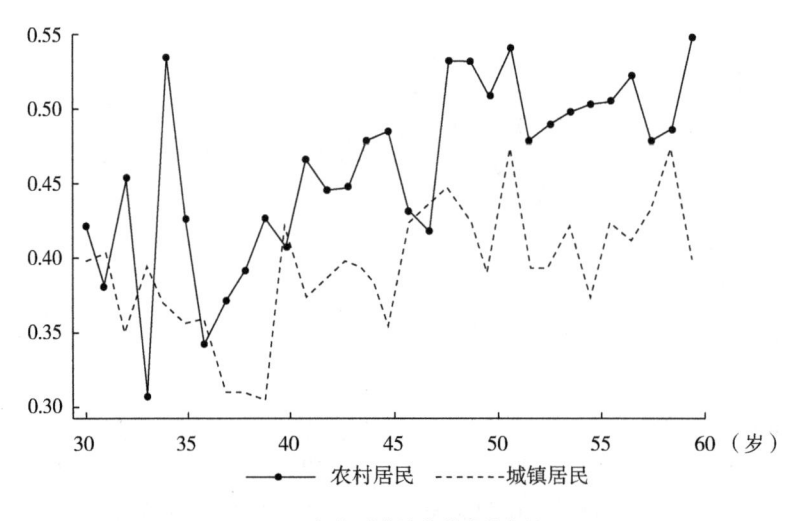

(b) 对数消费的残差方差

图 2-4 农村居民和城镇居民的残差不平等

四 结构参数与模型拟合

(一) 结构参数估计结果

表 2-2 列出了居民偏好参数和收入冲击参数的估计结果。

表 2-2 参数估计结果

参数	农村居民	城镇居民
σ_n^2	0.107 (0.008)	0.100 (0.011)
σ_m^2	0.493 (0.015)	0.319 (0.017)
β	0.935 (0.003)	0.957 (0.007)
ρ	1.169 (0.078)	0.940 (0.035)

续表

参数	农村居民	城镇居民
γ_0	0.001 (0.000)	0.001 (0.000)
γ_1	0.051 (0.001)	0.062 (0.003)

注：括号内为标准误。

1. 偏好参数

首先，就贴现率而言，农村居民的贴现率为 0.935，显著低于城镇居民的 0.957，表明农村居民相比城镇居民更没有耐心，更看重当期消费。

例如，对于城镇居民来说，30 年后的 100 元折现到现在相当于 26.7 元。但对于农村居民来说，30 年后的 100 元折现到现在相当于 13.3 元，不到城镇居民的一半。

贴现率是几乎所有动态结构模型的基础性参数，但目前对国内居民贴现率的估计或测算还较少。尽可能准确地识别居民贴现率，有助于提升宏观结构模型校准的稳健性。

其次，就风险厌恶程度而言，农村居民的风险厌恶系数为 1.169，显著高于城镇居民的 0.940，表明农村居民相比城镇居民有更强的风险厌恶。[1]

当然，这一结果也意味着城镇居民对未来消费风险的容忍度更高，更能平滑消费。其背后的原因应该与收入水平和社会保障有关。[2] 与农村居民相比，城镇居民有更高的平均收入水平，更好的社

---

[1] 徐舒和赵绍阳（2013）发现企业职工的贴现率显著低于公务员，而风险厌恶系数高于公务员。

[2] 周业安等（2012）发现家庭总收入越高，风险厌恶系数越低。王晟和蔡明超（2011）发现房产价值的上升会降低风险厌恶程度。

会保障、教育和医疗条件，因此具有相对较高的风险抵御能力。[1]

国内现有对风险厌恶系数的测算主要基于调查问卷（王晟、蔡明超，2011；张琳琬、吴卫星，2016；易祯、朱超，2017；张光利、刘小元，2018）或实验室实验（周业安等，2012），测度的风险厌恶系数更适合进行定性的评估。而本书估计得到的结构参数可以作为结构模型校准的参考依据，这应该是对现有文献的一个有益补充。[2]

最后，结构参数 γ_0 和 γ_1 决定了个体在退休时的消费与总财富的关系。农村居民的 γ_1 为 0.051，显著低于城镇居民的 0.062，表明退休时同等总财富下农村居民的消费量更小。其原因可能是城镇居民一般有相应的退休待遇和更好的社会保障，能更大胆地进行消费。[3]

2. 收入冲击参数

就收入冲击大小而言，与城镇居民相比，农村居民面临更大的暂时性收入风险。农村居民的暂时性收入冲击的方差为 0.493，显著大于城镇居民的 0.319。而农村居民与城镇居民的永久性收入冲击方差分别为 0.107 和 0.100，二者之间没有显著差异。

这一结果的背后原因，应该与城乡居民就业属性有关。城镇居民就业大多具有正式的雇佣关系，有文献将其称为正规就业。[4] 相

---

[1] 根据人力资源和社会保障部的数据，2016 年，全国企业退休人员月人均基本养老金提高到 2362 元，而全国城乡居民基本养老保险月人均基础养老金只有 105 元。根据《中国统计年鉴 2017》的数据，2010—2016 年城镇每千人口卫生技术人员和每千人口医疗卫生机构床位平均为 9.13 人和 7.28 张，都要显著高于农村的 3.57 人和 3.29 张。

[2] 在现有文献中，基于不同的方法，测度得到的风险厌恶系数差别很大，这意味着在校准结构模型中的风险厌恶系数时要慎重。

[3] Gourinchas 和 Parker（2002）利用美国的数据估计得到的 γ_1 在 0.07 左右。

[4] 余向华和陈雪娟（2012）发现城乡户籍劳动力面临不同的工资决定机制。周世军和周勤（2012）发现对于务工农民来说，职业存在城镇户籍门槛。魏下海和余玲铮（2012）发现正规就业与非正规就业的工资差异主要是由中低端的工资差异引起的，其中歧视等非市场因素是主要原因。

应地,其收入有相关法律法规和劳动合同保障,所以,城镇居民的暂时性收入冲击相对较小。与之相比,农村居民非正规就业的比例较高,雇佣关系和工资收益缺乏相应的机制保障,因此其暂时性收入风险显著大于城镇居民。[①]

(二)模型拟合

1. 结构参数估计的准确性

参照 French(2005)、Guvenen 和 Smith(2014)的做法,本书基于蒙特卡罗仿真验证模拟矩估计对结构参数估计的准确性。

首先,用实际数据进行模拟矩估计,把估计的结构参数作为结构参数的"真实值"。其次,模拟出消费数据,并基于模拟的消费数据进行模拟矩估计,重复 150 次,[②]据此判断估计值与"真实值"是否有显著差异。如果二者很接近,则表明结构参数的估计是有效的。

表 2-3 的蒙特卡罗仿真结果显示,模拟矩估计得到的估计值与"真实值"基本上都非常接近,并且具有很小的标准误,从而表明本章对模型结构参数的估计是可靠的。

表 2-3　　　　　　　　　蒙特卡罗仿真结果

参数	农村居民		城镇居民	
	"真实值"	估计值	"真实值"	估计值
β	0.935	0.930 (0.004)	0.957	0.959 (0.004)

---

① Santaeulàlia-Llopis 和 Zheng(2018)用 CHNS 数据估计得到的农村居民的暂时性收入冲击显著大于城镇居民,而永久性收入冲击比较接近。

② 在结构估计的研究中,模型求解和估计耗时较长,所以无法像理论计量那样做大规模的仿真实验。例如,Guvenen 和 Smith(2014)在进行蒙特卡罗仿真时重复了 140 次。

续表

参数	农村居民		城镇居民	
	"真实值"	估计值	"真实值"	估计值
ρ	1.169	1.262 (0.015)	0.940	0.889 (0.060)
γ_0	0.001	0.001 (0)	0.001	0.001 (0)
γ_1	0.051	0.051 (0.001)	0.062	0.062 (0.003)

注：括号内为标准误。

2. 城乡差异识别的有效性

为了验证模拟矩估计能否有效识别农村居民和城镇居民之间结构参数的差异，本书通过参数置换，考察错误参数设定下目标函数值是否会显著增大。

首先，对农村居民进行参数替换。把农村居民的结构参数替换成城镇居民的结构参数估计值，计算模拟矩估计的目标函数。重复150次，取均值，计算标准差。其次，与农村居民结构参数估计值对应的目标函数进行对比，看置换后所得的目标函数值是否显著增大。如果目标函数值显著增大，则表明农村居民的结构参数与城镇居民有显著差异。

基于类似思路，对城镇居民同样进行参数替换，以便进一步对城镇居民的结构参数与农村居民是否有显著差异作反方向验证。

表2-4报告了对农村居民和城镇居民进行参数替换的结果。首先，对于农村居民而言，其模拟矩估计的目标函数的均值是0.238，显著低于替换为城镇居民结构参数估计值时的目标函数均值0.430。对于城镇居民而言，其模拟矩估计的目标函数的均值是0.369，显著低于替换为农村居民结构参数估计值时的目标函数均值0.661。

所以,在本章中,模拟矩估计确实能够有效识别出城乡居民的结构参数差异。

表 2-4　　　　　　　　　　参数替换检验

目标函数	农村居民	城镇居民
农村居民的参数	0.238 (0.009)	0.661 (0.026)
城镇居民的参数	0.430 (0.045)	0.369 (0.015)

注:括号内为标准误。

3. 消费路径的拟合

为了评估模型对居民消费行为的刻画能力,需要把模型生成的模拟消费路径与实际数据反映的消费路径进行对比。如果模拟消费路径和实际数据中的消费路径很接近,则表明模型对居民消费行为的刻画是准确的。

图 2-5 显示了农村居民和城镇居民的生命周期消费,其中,圆圈表示样本数据所揭示的生命周期消费,实线则表示模型拟合的生命周期消费。

可以看出,无论是农村居民还是城镇居民,模型拟合的生命周期消费都呈抛物线形状,都很好地拟合了数据中的生命周期消费。而且,农村居民的生命周期消费曲线更加弯曲,反映了农村居民的生命周期消费平滑能力相对较弱。在下文的反事实模拟中,我们将进一步验证这一结论。

五　反事实模拟

结构模型估计的最大优势在于,可以通过改变模型的个别参数

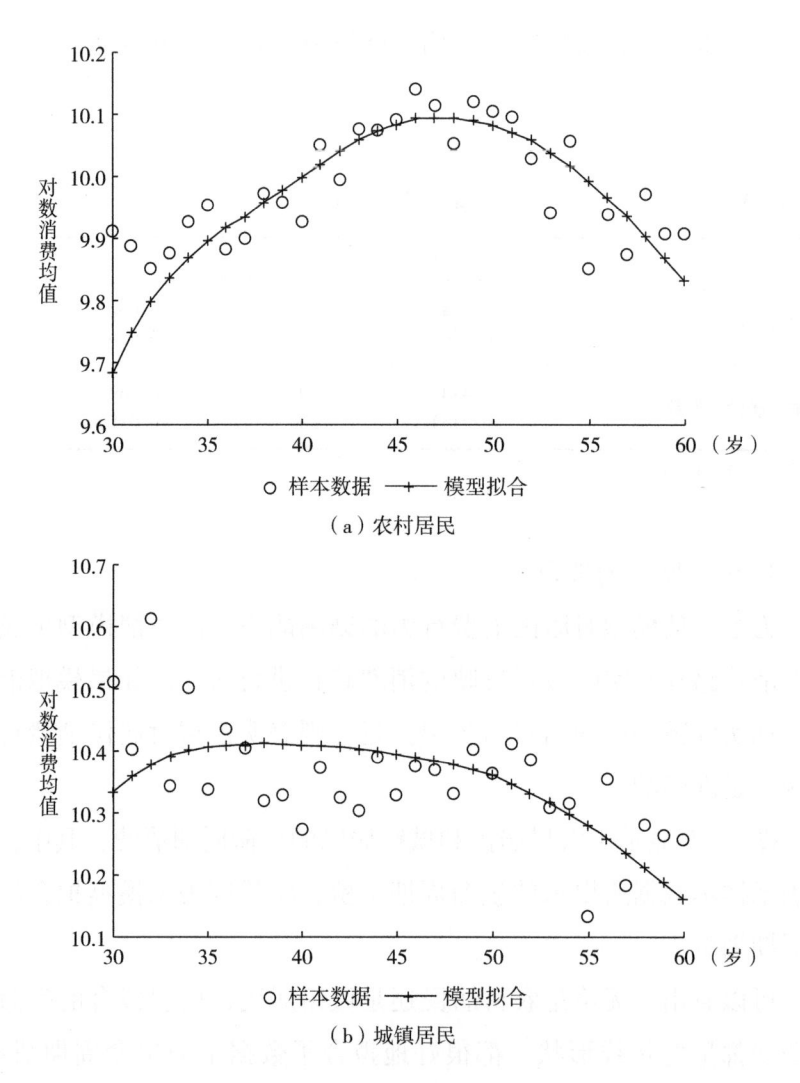

图 2-5　农村居民和城镇居民的生命周期消费

甚至模型的结构，模拟一些反事实的场景。在此，本书将进行一系列的反事实模拟，探究如何完善消费促进机制，以激发城乡居民的消费潜力。

（一）预防性储蓄

当居民面临收入风险时，风险厌恶的居民会进行预防性储蓄，主动积累更多的财富以避免消费下降的风险。所以，预防性储蓄动机直接影响居民的消费意愿，预防性储蓄动机越强，居民消费意愿越弱。

可以推断，如果居民具有预防性储蓄动机，当消除收入风险后，居民持有的财富就会显著下降。本书通过反事实模拟，测度在没有收入风险的情形下居民的生命周期财富路径，以揭示预防性储蓄的具体影响。

具体而言，保持其他因素不变，将居民收入设定为没有收入风险下的收入水平，对模型重新求解，模拟得到 200000 个居民的（对数）财富路径，在各年龄段上取平均，得到消除收入风险后居民的生命周期财富路径。

图 2-6 描绘了农村居民和城镇居民实际的和模拟的生命周期财富路径。可以发现，当消除收入风险后，无论是农村居民还是城镇居民，持有的财富都显著下降，尤其是 45 岁之前下降得最明显。这表明无论是农村居民还是城镇居民，45 岁之前都存在非常明显的预防性储蓄行为。

表 2-5 列出了消除收入风险对居民生命周期持有财富的影响，分为六个年龄段。

可以发现：

（1）在 40 岁之前，随着年龄的增长，居民的预防性储蓄动机逐渐增强。在 40—44 岁，农村居民和城镇居民持有的财富分别减少了 73.4% 和 59.3%。而且，农村居民的预防性储蓄动机要强于城镇居民。

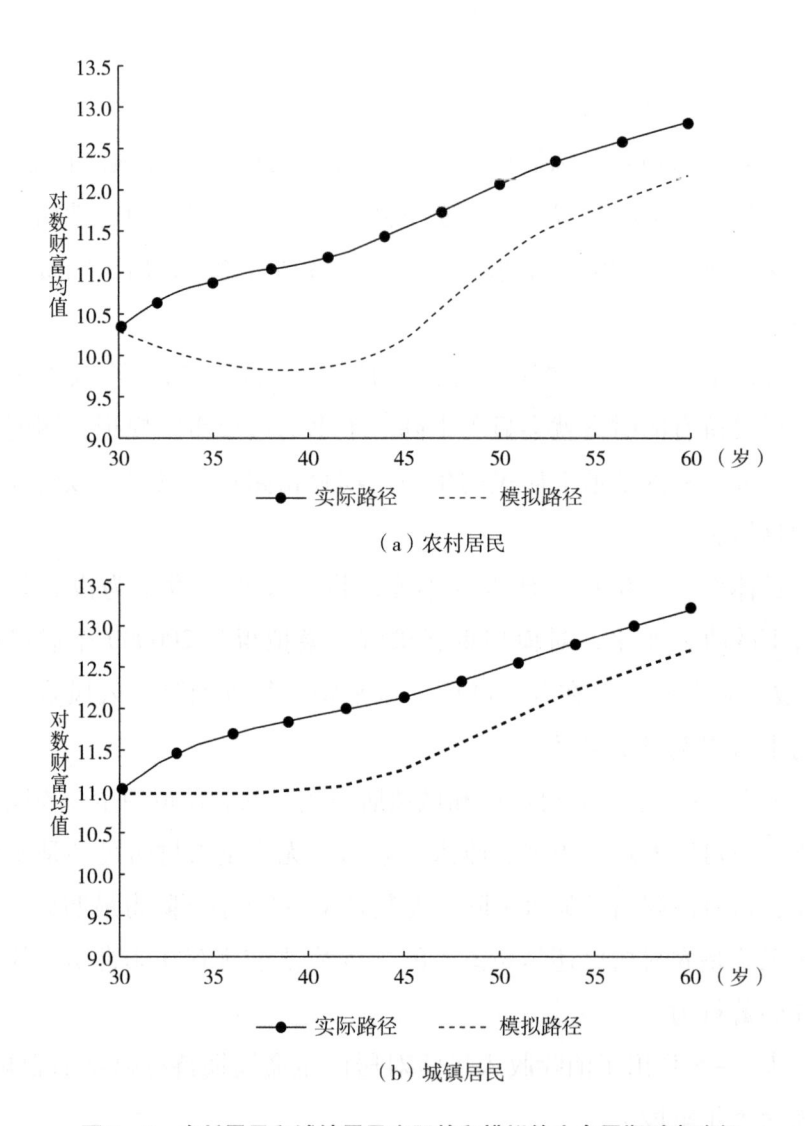

图 2-6　农村居民和城镇居民实际的和模拟的生命周期财富路径

表 2-5　消除收入风险对居民生命周期持有财富的影响　　单位：%

居民	30—34 岁	35—39 岁	40—44 岁	45—49 岁	50—54 岁	55—60 岁
农村居民	-38.1	-67.3	-73.4	-66.3	-52.5	-45.8
城镇居民	-28.5	-53.8	-59.3	-54.5	-45.6	-39.8

(2) 在 45 岁之后，随着财富的积累、剩余工作年份的减少及退休养老需求的提升，居民的预防性储蓄动机逐渐减弱。

上述结果表明，完善社会保障，弱化居民预防性储蓄动机，尤其是农村居民的预防性储蓄动机，对促进居民消费会有显著的作用。现有文献表明，"新农合"（白重恩等，2012；蔡伟贤、朱峰，2015）和"新农保"（岳爱等，2013；张川川等，2015；马光荣、周广肃，2014）显著促进了农村居民消费，在此，本书进一步基于结构模型从理论上揭示社会保障促进居民消费的作用机制。

（二）借贷限制

面临借贷限制时，居民平滑消费的能力会受到限制。尤其在年轻时，居民的消费会受到抑制。

与上述反事实模拟类似，本书在模型中加入约束 $C_t \leq A_t$，即居民每一期的消费都不能超过总财富，也就是不能进行任何借贷，以考察借贷限制对居民生命周期消费路径的影响。

在无借贷限制下，重新求解模型，模拟得到 200000 个居民的（对数）消费路径，并在年龄上取平均，得到居民的生命周期消费路径。

图 2-7 描绘了居民的实际生命周期消费路径和无借贷限制下的模拟生命周期消费路径。可以看出，无论是农村居民还是城镇居民，借贷限制都会明显抑制居民年轻时期的消费，而促进其中年时期以后的消费。

表 2-6 列出了借贷限制对生命周期消费的具体影响。

可以看出：

(1) 借贷限制对 30—34 岁居民消费的抑制作用最强，而在 35 岁之后开始产生促进作用。

（a）农村居民

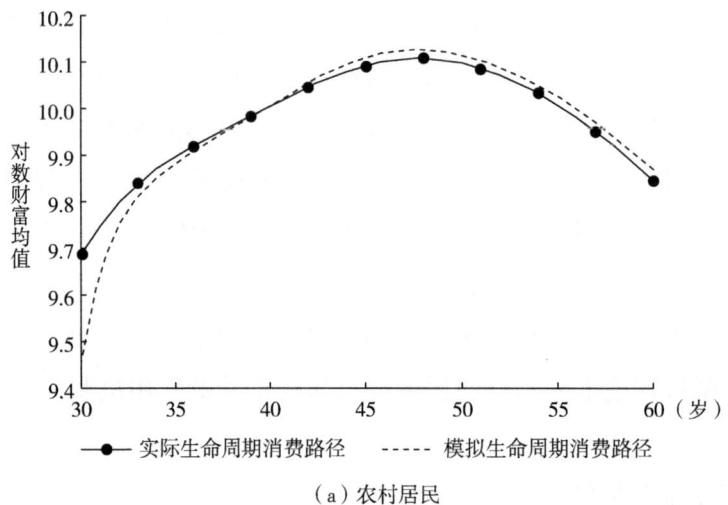

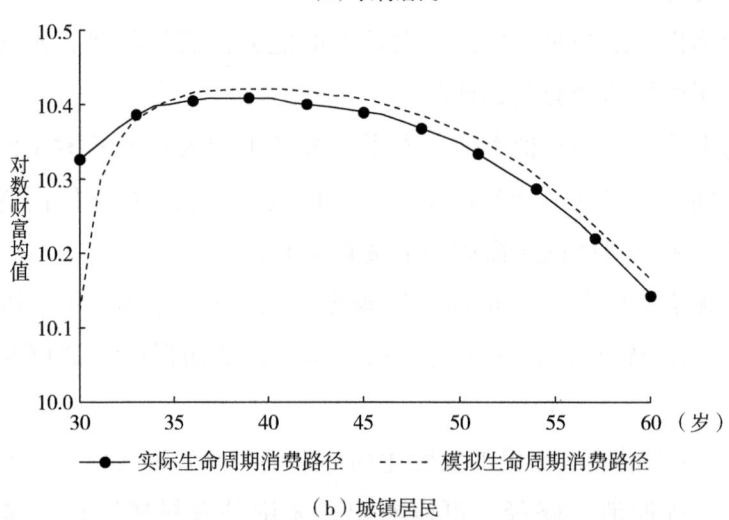

（b）城镇居民

图 2-7　农村居民与城镇居民的实际生命周期消费路径和模拟生命周期消费路径

表 2-6　　　　　　　借贷限制对生命周期消费的影响　　　　　　单位：%

居民	30—34 岁	35—39 岁	40—44 岁	45—49 岁	50—54 岁	55—60 岁
农村居民	-9.06	-0.02	1.50	3.09	3.07	2.90
城镇居民	-6.63	0.90	2.12	2.55	2.36	2.28

（2）相比城镇居民，农村居民在年轻时期受借贷限制的影响更大。借贷限制使 30—34 岁农村居民的消费下降了 9.06%，而城镇居民下降了 6.63%。

现有文献表明，信贷供给可以促进居民消费（陈东、刘金东，2013；巩师恩、范从来，2012；汪伟等，2013）。上述模拟结果表明，完善消费金融的支持体系，可以有效提升居民尤其是农村居民的消费能力。

（三）收入冲击

考虑这样一种场景：在未来某一个时间，如城乡居民预防性储蓄动机发生趋势性改变的 45 岁，[①] 居民面临收入冲击（收入增加或减少 10%），那么这个收入冲击对居民的生命周期消费会有怎样的影响呢？

本书分别模拟永久性和暂时性的收入冲击、预期和未预期的收入冲击、正向和负向的收入冲击对生命周期消费的影响。其中，永久性收入冲击被设定为居民 45 岁后的收入永久性地提高或降低 10%，暂时性收入冲击则是居民 45 岁当年的收入提高或降低 10%，之后的收入不受影响。[②]

本书计算了不同收入冲击的边际消费倾向（MPC），即收入冲击对当期消费的影响，以准确反映不同收入冲击的具体效应，结果见表 2-7。

[①] 如果把受到收入冲击的年龄改为 40 岁或 50 岁，定性的结果不会改变。至于收入冲击的影响在生命周期层面的异质性，下一部分会进行讨论。

[②] 模拟结果显示：预期的永久性冲击会在生命周期层面得到平滑，而未预期的永久性冲击只影响冲击时点以后的消费平滑。面对预期的收入冲击，城镇居民的生命周期消费平滑能力更强。这一定性结论与现有经济学理论和实证结论是完全一致的，所以，文中没有进行消费平滑的具体图示。

表 2-7　　　　　　　　收入冲击的边际消费倾向　　　　　　单位：%

参数	农村居民	城镇居民
未预期的正向永久性收入冲击	76.0	68.2
未预期的负向永久性收入冲击	76.7	72.4
预期的正向永久性收入冲击	41.4	36.3
预期的负向永久性收入冲击	47.7	41.4
未预期的正向暂时性收入冲击	10.6	9.96
未预期的负向暂时性收入冲击	11.7	10.8
预期的正向暂时性收入冲击	7.08	6.70
预期的负向暂时性收入冲击	8.63	8.57

显然，预期的永久性收入冲击能够在更大程度上被平滑掉，其边际消费倾向明显小于未预期的永久性收入冲击。而暂时性收入冲击的边际消费倾向更小，表明绝大部分的暂时性收入冲击能够被平滑。

以上分析表明，促进居民消费应该着眼居民收入的永久性提高，而暂时性收入冲击的影响很小。例如，税费改革（汪伟等，2013）、降低个人所得税（徐润、陈斌开，2015）、"新农保"（岳爱等，2013；张川川等，2015；马光荣、周广肃，2014）等永久性提高居民收入的政策才能有效促进居民消费。

六　对居民消费平滑行为的再检验

（一）部分保险

为进一步检验中国城乡居民消费平滑的行为特征及其异质性，本书从消费保险的角度，进一步验证结构参数识别和反事实模拟的研究结论。

居民会在生命周期层面平滑收入冲击的影响，消费变化体现了居民对收入冲击的保险能力。消费变化对收入冲击的反应越小，消费的保险程度就越大。

在完全市场下，居民能够实现完全的消费保险，永久性冲击和暂时性冲击都不影响消费变化。而在永久性收入假说下，消费变化对永久性收入冲击具有完全的反应，对暂时性收入冲击的反应很小。消费变化对收入冲击的反应刻画了居民消费保险的程度（下文记为BPP），Blundell等（2008）称其为部分保险。

具体而言，对收入Y_{it}取对数，剔除确定性趋势（$\ln G_t$），再取差分得到对数收入变化$\Delta \ln Y_{it}$，即

$$\Delta \ln Y_{it} = n_{it} + \Delta m_{it} \qquad (2-18)$$

式中：n_{it}为永久性收入冲击；m_{it}为暂时性收入冲击。

根据BPP，如果偏好是CRRA的形式，我们可以由欧拉方程近似得到对数消费的变化量：

$$\Delta \ln C_{it} = \phi n_{it} + \psi m_{it} + \nu_{it} \qquad (2-19)$$

式中：ϕ为永久性冲击的部分保险系数；ψ为暂时性收入冲击的部分保险系数；ν_{it}为收入冲击之外的随机性冲击。

部分保险系数ϕ和ψ实际上刻画了居民对收入冲击的消费平滑能力。$\phi=1$和$\psi=1$代表居民对相应的收入冲击没有任何保险，也就是不存在消费平滑；而$\phi=0$和$\psi=0$代表居民对相应的收入冲击具有完全保险，即收入的冲击被完全平滑掉了。

基于式（2-18）和式（2-19），可以使用样本数据，通过BPP方法估计永久性收入冲击和暂时性收入冲击的部分保险系数。①

（二）估计结果

表2-8列出了基于样本数据得到的BPP估计的部分保险系数。

---

① 矩条件的建立与具体的估计步骤可以参照 Blundell 等（2008）、Kaufmann 和 Pistaferri（2009）、Kaplan 和 Violante（2010）。

表 2-8　　　　　　　　　部分保险系数

参数	农村居民	城镇居民
φ	0.309 (0.080)	0.226 (0.055)
ψ	0.091 (0.015)	0.072 (0.016)

注：括号内为标准误。

基于 BPP 的方法，农村居民的永久性冲击和暂时性收入冲击的部分保险系数分别为 0.309 和 0.091，而城镇居民的部分保险系数分别为 0.226 和 0.072。[1][2] 这表明，大约 70% 的永久性收入冲击和 90% 以上的暂时性收入冲击能够被保险，并且农村居民对收入冲击的保险能力显著弱于城镇居民。

基于部分保险系数的估计，得到了与反事实模拟几乎一致的结果，这大大加强了本书对收入冲击的研究结果的稳健性。

基于生命周期模型，我们可以进一步得到 30—60 岁的部分保险系数，这是生命周期模型的独特优势所在。[3] 图 2-8 报告了永久性收入冲击和暂时性收入冲击 30—60 岁的部分保险系数。

显然，在生命周期层面，无论是永久性收入冲击还是暂时性收入冲击，其部分保险系数都随着年龄的增加而下降，表现出明显的异质性。其中，永久性收入冲击的部分保险系数下降得更明显，从最高的 0.84 下降到 0.10。这表明，随着年龄的增加，居民对收入风险的保险能力显著增强。

---

[1] 同样基于 BPP 的方法，Santaeulàlia-Llopis 和 Zheng (2018) 用 CHNS 数据估计得到的 φ 分别是 0.24 和 0.28，ψ 分别是 0.02 和 0.06，本章估计的结果与 Santaeulàlia-Llopis 和 Zheng (2018) 有很好的可比性。

[2] Blundell 等 (2008)、Kaufmann 和 Pistaferri (2009)、Kaplan 和 Violante (2010) 对美国的研究得到的 φ 和 ψ 分别是 0.65 左右和 0.05 左右。

[3] BPP 方法只能得到平均的永久性收入冲击和暂时性收入冲击的部分保险系数。

(a) 农村居民

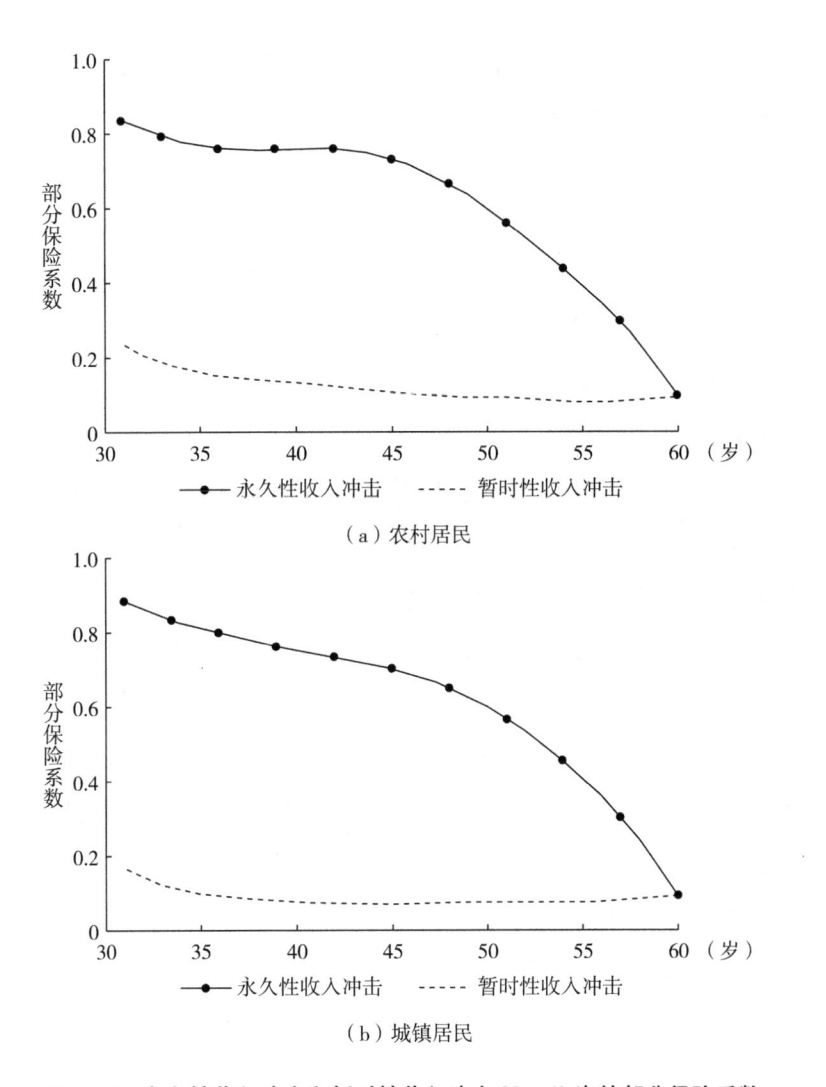

(b) 城镇居民

图 2-8　永久性收入冲击和暂时性收入冲击 30—60 岁的部分保险系数

七　结论及启示

在中国经济高速增长的过程中，居民消费不足和消费结构不平衡的问题日益凸显。深入研究居民消费平滑的行为特征及其在生命周期层面和城乡之间的差异，对完善促进消费体制机制、激发居民消费潜力、增强消费对经济发展的基础性作用有重要意义。

本章基于生命周期理论，建立了一个带有收入风险的消费—储蓄生命周期模型。在有效识别模型结构参数的基础上，准确揭示居民消费平滑的行为特征及其城乡差异；并通过一系列的反事实模拟，分别从预防性储蓄、借贷限制和收入冲击的角度分析如何有效促进居民消费。最后，从部分保险系数的角度，对城乡居民消费平滑的行为特征做了进一步的验证。

研究发现：

（1）农村居民的贴现率和风险厌恶系数分别为 0.935 和 1.169，城镇居民则分别为 0.957 和 0.940。相较城镇居民，农村居民更看重当期消费，具有更强的风险厌恶。

（2）与城镇居民相比，农村居民面临更大的暂时性收入风险。而二者之间的永久性收入风险没有显著差异。

（3）45 岁是中国城乡居民消费平滑行为的转折点。无论是农村居民还是城镇居民，在 45 岁之前都存在非常明显的预防性储蓄行为。而且，预防性储蓄动机随着年龄的增长而逐渐增强。其中，农村居民的预防性储蓄动机要强于城镇居民。在 45 岁之后，居民的预防性储蓄动机会逐渐减弱。

（4）借贷限制对 30—34 岁城乡居民消费的抑制作用最强，对 35 岁之后的居民反而具有促进作用。相比城镇居民，农村居民在年轻时期受借贷限制的影响更大。

（5）预期的永久性冲击会在生命周期层面得到平滑，其边际消费倾向明显小于未预期的永久性收入冲击。而且，面对预期的收入冲击，城镇居民的生命周期消费平滑能力更强。

（6）居民对收入冲击的保险能力在 45 岁以后显著增强，且农村居民明显弱于城镇居民。

上述结论表明：一方面，中国需要积极完善社会保障体系，提升居民对收入风险的防范能力；另一方面，中国需要进一步提升金融对促进消费的支持作用，鼓励消费金融创新，规范发展消费信贷。同时，促进居民消费应该着眼居民收入的永久性提高。例如，合理提高个人所得税基本减除费用标准、推动消费税立法等。

最后需要说明的是，本章的模型是一个纯粹的消费—储蓄生命周期模型，居民只能通过储蓄来应对收入冲击，因此模型可能低估了居民对永久性收入冲击的消费保险能力。未来的研究可以进一步考虑劳动供给、人力资本、转移支付等更多的消费保险机制。

第三章 老年人消费的结构参数和行为特征

老年人消费行为与年轻人显著不同，随着中国人口老龄化加剧，有效识别老年人消费和储蓄的行为特征，不仅能为扩大老年人群体消费提供借鉴，而且能为完善社会养老机制提供必要的决策信息。本章建立了一个带有健康因子、退休因子、医疗支出风险、遗赠动机等要素的消费—储蓄生命周期模型，以分析中国老年居民消费—储蓄行为的阶段性特征、年龄节点及驱动因素。

一 问题的提出

近年来，中国居民的高储蓄率引起了广泛的关注，尤其是在外部不确定性增强的背景下，促进居民消费是扩大内需、畅通内循环的根本途径。而随着65岁及以上人口比例的逐年增加、15—64岁劳动年龄人口比例的持续下降（图3-1），中国的老龄化问题日趋严重，老年人消费行为的重要性日益凸显。

现有文献对中国居民消费行为的研究主要关注预防性储蓄（黄祖辉等，2011；凌晨、张安全，2012；臧旭恒、张欣，2018；Aaberge et al.，2017；He et al.，2018）、计划生育与人口结构变迁（Banerjee et al., 2014；Curtis et al., 2015；Choukhmane et al., 2017；Ge et al., 2018)、性别比与婚姻市场（Wei and Zhang, 2011）、房价因素（陈彦斌、邱哲圣，2011；陈斌开、杨汝岱，2013；李雪松、黄彦彦，2015；何兴强、杨锐锋，2019；孙伟增等，2020）、收入不平等（甘犁等，2018）、劳动参与（尹志超、张诚，2019）等，[①] 而较少关注中国老年人的消费行为。

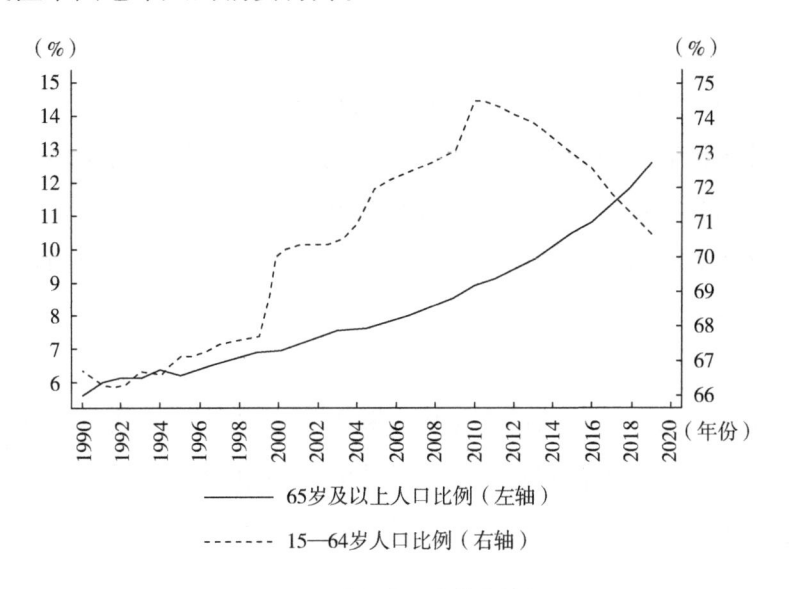

图 3-1 中国人口老龄化特征

资料来源：《中国统计年鉴 2020》。

老年人（60 岁以上居民）的消费行为与年轻人存在很大的差异。年轻人主要面临收入和工作的风险，而老年人主要面临健康的风险，包括医疗支出风险和生存风险。其中，医疗支出风险是指居民医疗支出的不确定性，由永久性和暂时性两部分组成（Gourinchas and Parker, 2002；徐舒、赵绍阳，2013；杨继生、邹建文，2020），

[①] Chamon 和 Prasad（2010）讨论了中国城镇居民储蓄率不断上涨的原因。

其对老年人消费行为选择具有重要的影响。与此同时，高龄老年人还面临比其他人高得多的生存风险，老年人在高龄阶段（如社会预期寿命以上所对应的年龄段）会表现出与其他年龄段居民截然不同的消费平滑模式。这些因素使单独研究老年人的消费行为很有必要，但是，现有文献对老年人消费行为的分析还相对不足，很少涉及老年人在生命周期内消费平滑的具体行为特征。

在内需不足和老龄化程度加深的现实背景下，有效识别健康因素对中国老年人消费行为的影响及其在城乡之间的异质性，是完善社会养老机制应对社会老龄化、促进老年人消费加速内循环的重要依据。而且，鉴于老年人的消费行为和年轻人有很大的区别，建立刻画老年人消费行为的生命周期模型也是对生命周期理论和预防性储蓄理论的有效补充。

本章基于生命周期理论分析了中国老年居民的消费行为，建立了一个带有医疗支出风险、遗赠动机等要素的消费—储蓄生命周期模型，通过老年人消费行为的结构参数估计和反事实模拟，揭示中国老年人消费平滑的行为特征及其结构异质性。

二 老年人储蓄之谜

在分析老年人消费和储蓄的文献中，"老年人储蓄之谜"是其核心问题。"老年人储蓄之谜"是指老年人持有过多的资产，而且过慢地消费所持有的资产，这些现象难以被标准的生命周期模型所解释（De Nardi et al., 2016a；Nakajima and Telyukova, 2019）。[①] 现有的研究大多认为健康因素和遗赠动机是解释"老年人储蓄之谜"的重要原因。

---

① De Nardi 等（2016a）对退休后消费行为的研究做了综述。

对于健康因素，现有文献主要关注医疗支出的影响。其中，De Nardi 等（2010）最具有代表性。其在生命周期模型框架下研究了医疗支出对老年人储蓄的影响，发现随年龄增加而迅速增长的医疗支出额度可以在很大程度上解释老年人的储蓄行为，而医疗支出不确定性的影响很小。不过，Ameriks 等（2011）、Ameriks 等（2020）基于特殊设计的问题调查，增强了生命周期模型中结构参数的识别，发现长期照料风险解释了很大部分老年人的资产持有行为。而且，Kopecky 和 Koreshkova（2014）在带有一般均衡的生命周期模型的框架下研究长期照料风险对老年人储蓄的影响，发现一旦考虑长期照料风险，医疗支出风险的影响会明显增加。具体而言，Nakajima 和 Telyukova（2019）发现医疗支出风险可以解释美国和瑞典退休老人约 25% 的储蓄行为差异。鉴于中国的社会保障体系与欧美发达国家相比还不是很完善，这可能会导致中国老年人具有更强的预防性储蓄动机。

关于遗赠动机，Ameriks 等（2011，2020）发现遗赠动机是广泛存在的。De Nardi（2004）发现在生命周期模型中引入遗赠动机会提高对居民储蓄行为的解释能力，Kopczuk 和 Lupton（2007）甚至认为遗赠动机足以解释家庭资产持有的一半左右。Lockwood（2012，2018）认为遗赠动机对解释"年金之谜"至关重要，会显著增加居民的储蓄。与西方相比，中国人具有很强的遗产观念，传统文化使老年人习惯将资产留给后代（陈健、黄少安，2013），这可能使中国老年人具备更强的遗赠动机。

目前，基于消费—储蓄生命周期模型分析中国居民消费的文献（徐舒、赵绍阳，2013；杨继生、邹建文，2020；Chamon 等，2013；Choi 等，2017；Cooper and Zhu，2018；İmrohoroglu and Zhao，2018）还没有专门分析中国老年人的消费行为。特别是现有文献没有考虑随着年龄的增长老年人消费效用的变化，所以无法很好地刻画中国老年人消费行为。

本章的贡献主要在于：在消费—储蓄生命周期模型的效用函数中引入时变的消费效用，建立了一个更为完善的分析中国老年人消费行为的生命周期模型，以揭示随着年龄增长，老年人消费效用的动态变化特征。据此，本书发现医疗支出风险会减少老年居民约 1/3 的消费，其影响远大于遗赠动机。并且相较城镇居民，农村居民面临更大的医疗支出风险，受医疗支出风险的影响更大，受遗赠动机的影响则更小。并且，生存风险会显著改变老年人的消费行为，从而在社会预期寿命所对应的年龄段上，呈现与其他年龄段截然不同的消费平滑模式。

三　老年人消费的生命周期模型

在工作时期，个体主要面临收入和工作的风险。而退休后，个体成为老年人，这时面临的主要是健康的风险。为了揭示中国老年人消费行为的内在机制和结构异质性，本书建立了一个从退休到死亡，包含健康因素、遗赠动机等要素的消费—储蓄生命周期模型。鉴于传统模型难以很好地刻画中国老年人消费的行为特征，本书在传统的消费—储蓄生命周期模型的效用函数中引入时变的消费效用，以揭示随着年龄增长老年人消费效用变化的动态特征。

（一）传统模型设定

参照 Gourinchas 和 Parker（2002）、Cagetti（2003）、De Nardi 等（2010）等的研究，考虑一个生命周期模型，其中，个体 i 在 $t=1$ 期退休，每期获得收入 Y_t，个体最多存活至 T 期。在每一期，个体可以从消费 C_t 中获得效用 $u(C_t)$，个体最大化其生命周期内

消费的总效用。效用函数采用 CRRA 的形式，即

$$u(C_t) = \frac{C_t^{1-\rho}}{1-\rho} \tag{3-1}$$

式中：ρ 为风险厌恶系数，ρ 越大，表示越厌恶风险。

由于健康原因，个体面临生存风险和医疗支出风险，在 t 期，个体存活到 $t+1$ 期的概率是 s_{t+1}。参照 De Nardi 等（2010）的做法，个体的医疗支出 M_t 服从以下过程：

$$\ln M_t = \Psi(t) + z_t + \epsilon_t$$

$$z_t = z_{t-1} + \eta_t$$

即个体的对数医疗支出 $\ln M_t$ 由确定性部分 $\Psi(t)$ 和不确定性部分组成，医疗支出的不确定性部分便是医疗支出风险。医疗支出风险由永久性部分 z_t 和暂时性部分 ϵ_t 组成（Gourinchas and Parker，2002；徐舒、赵绍阳，2013；杨继生、邹建文，2020）。η_t 和 ϵ_t 分别表示医疗支出的永久性冲击和暂时性冲击，且满足：

$$\eta_t \sim N(0, \sigma_\eta^2), \ \epsilon_t \sim N(0, \sigma_\epsilon^2) \tag{3-2}$$

个体的预算约束为

$$A_{t+1} = R \cdot A_t + Y_t + TR_t + B_t - M_t - C_t \tag{3-3}$$

式中：A_t 为 t 时期的资产，$A_t \geq 0$ 表示存在借贷约束，居民不能进行任何借贷，这是生命周期模型的传统设定，在中国现实背景下也是相对合理的；R 为总利率，$R = 1 + r$，其中 r 是无风险利率；Y_t 为 t 时期的基本收入（=农业生产收入+工资性收入+非农经营收入）；TR_t 为转移性收入，区分转移性收入是因为转移性收入和收入的其他部分具有完全不同的年龄趋势；B_t 为社会保障。

其中：社会保障 B_t 满足

$$B_t = \max\{0, \underline{C} + M_t - (1+r)A_t - Y_t - TR_t\} \tag{3-4}$$

式中：$\underline{C}$ 为最低生活保障水平，$\underline{C}$ 越大，居民享受的社会保障水平就

越高。在存在医疗支出风险的情况下,式(3-4)中社会保障是医疗救助的概念,意味着当居民的医疗支出很大时,存在政府或社会提供的救助,使居民避免出现极低的消费,居民的资产和收入越高,对救助的依赖性越低,因此式(3-4)在一定程度上是符合现实的。

从技术上说,式(3-4)的意义在于引入最低生活保障机制,避免医疗支出超过可用于消费的总财富(Cash on Hand),破坏居民的决策,导致模型无法求解。

在相关文献中,类似式(3-4)的设定广泛存在于具有医疗支出风险的动态模型中,比如 De Nardi 等(2016b)、Lockwood(2018)、Ameriks 等(2020)在研究消费问题时都引入了这样的设定。

个体死亡时的遗赠效用 $\phi(A_{t+1})$ 设定为

$$\phi(A_{t+1}) = \theta \cdot \frac{A_{t+1}^{1-\rho}}{1-\rho} \qquad (3-5)$$

式中:θ 为遗赠动机的强度,θ 越大,遗赠效用越大,为遗赠而储蓄的动机就越强。这样的遗赠效用设定意味着,死亡时消费是总财富的一定比例。①

(二)时变的消费效用

式(3-1)是传统模型分析老年人消费行为的设定形式。其不足之处在于,随着年龄的增长,老年人消费的效用不变。而实际上,随着年龄的增长,同样的消费行为会产生不同的效用,这致使传统模型不能很好地刻画中国老年人的消费行为。

---

① 死亡时消费与总财富的比例为 $\dfrac{C_T}{X_T} = \dfrac{(\beta R\theta)^{-\frac{1}{\rho}}}{1+(\beta R\theta)^{-\frac{1}{\rho}}}$,其中 $X_t = R \cdot A_{t-1} + Y_t + TR_t - M_t$,是可用于消费的总财富。

在研究生命价值（Value of Life）和家庭生育决策时，Murphy 和 Topel（2006）、Cordoba 和 Ripoll（2017）、Carlos Córdoba 和 Ripoll（2019）等通过在效用函数中引入健康指数，以刻画退休后老年人随年龄增长而下降的消费趋势。参考上述文献，本书在效用函数中引入健康指数，即

$$u(C_t) = H_t \cdot \frac{C_t^{1-\rho}}{1-\rho} \qquad (3-6)$$

式中：H_t 为健康指数。与上述文献不同，本章把健康指数引入老年人消费—储蓄模型，以刻画随着年龄的增长老年人消费效用的变化，这是本章模型对传统模型的扩展之一。

随着健康的恶化，在某一阈值年龄 t^* 之后，高龄老年人消费的效用会降低，H_t 被设定为

$$H_t = \begin{cases} 1, & t < t^* \\ h^{t-t^*}, & t \geq t^* \end{cases} \qquad (3-7)$$

式中：h 为健康因子。健康恶化会降低消费效用，本书预期 $h < 1$，h 越小，健康恶化导致消费效用降低的就越多。

为了进一步解释健康因子的含义，本书忽略遗赠效用，得到传统生命周期模型下的欧拉方程

$$u'(C_t) = \beta R E_t [u'(C_{t+1})] \qquad (3-8)$$

经过简单的变换可得

$$C_t^{-\rho} = \beta \frac{H_{t+1}}{H_t} \cdot R E_t [C_{t+1}^{-\rho}] \qquad (3-9)$$

式（3-9）意味着影响消费决策的不是健康指数 H_t 的绝对值，而是健康指数 H_t 的变化率，这就是健康指数设定为指数函数的原因。同时，式（3-9）还意味着，当 $t \geq t^*$ 时，有效的贴现因子从 β 下降为 $\beta \cdot h$。

需要特别说明的是，健康因子影响的是阈值年龄 t^* 之后消费的效用，而不是消费量本身。健康因子影响 t^* 之后的消费效用，导致高龄老年人对消费路径进行调整和平滑，降低 t^* 之后的消费、增加 t^* 之前的消费。所以，健康因子对消费路径发生作用的时间节点并不是效用函数中的阈值年龄 t^*，而是要显著早于 t^*。

除了健康因素，基于中国城镇住户调查微观数据（UHS）的一些研究（李宏彬等，2015；邹红、喻开志，2015）发现，退休会使城镇家庭非耐用品消费显著下降。Battistin 等（2009）、Olafsson 和 Pagel（2018）等也有类似的发现。这种现象难以由标准的生命周期模型解释，在相关文献中被称为"退休消费之谜"。

由此，本书在生命周期模型的效用函数中进一步考虑退休因子，将 H_t 拓展为

$$H_t = \begin{cases} h_1^t, & t \leq t_1^* \\ h_1^{t_1^*}, & t_1^* < t < t_2^* \\ h_1^{t_1^*} \cdot h_2^{t-t_2^*}, & t \geq t_2^* \end{cases} \quad (3-10)$$

式中存在两个因子：h_1 为退休因子，它影响的是刚退休时的老年人消费。退休后老年人的消费会下降，本书预期 $h_1 > 1$，h_1 越大，退休后消费降低得越多；h_2 为健康因子，它影响的是高龄老年人的消费。健康恶化会降低消费效用，本书预期 $h_2 < 1$，h_2 越小，健康恶化造成的消费效用降低得越多。

指数函数的设定意味着，当 $t \leq t_1^*$ 时，有效的贴现因子为 $\beta \cdot h_1$。当 $t \geq t_2^*$ 时，有效的贴现因子为 $\beta \cdot h_2$。

当然，文献中还存在对传统生命周期模型的其他修正，以刻画退休后消费的行为方式，如 Pagel（2017）引入基于期望的损失厌恶。

在此，本书考虑时变的消费效用，它提供了一种更为简洁的传统生命周期模型的修正方式，揭示了老年人消费行为的动态转换规

律。实证分析结果显示，这样的设定可以很好地拟合中国老年人的消费行为，这也是本章在生命周期模型设定上的实质性扩展。

(三) 模型求解和估计

个体的生命周期效用最大化问题可以用如下的贝尔曼方程来描述：

$$V_t(A_t, z_t) = \max_{C_t} \{U(C_t) + \beta s_{t+1} E_t V_{t+1}(A_{t+1}, z_{t+1}) + \beta(1-s_{t+1})\phi(A_{t+1})\} \quad (3-11)$$

式中：β 为贴现因子，β 越大，表示未来消费的效用贴现到现在的值越大，也就是个体更重视未来的消费；s_{t+1} 为在 t 期存活的条件下，个体存活到 $t+1$ 期的条件概率，即条件生存概率。与之相对的概念是无条件生存概率，无条件生存概率是个体从第 1 期一直存活至第 $t+1$ 期的概率。

参照 Gourinchas 和 Parker（2002）、De Nardi 等（2010）、De Nardi 等（2016b）、徐舒和赵绍阳（2013）、杨继生和邹建文（2020）的做法，给定第一阶段估计的参数 $\chi = \{\sigma_\eta^2, \sigma_\epsilon^2, \{s_t\}_{t=1}^T, r\}$，利用模拟矩方法估计模型的结构参数 $\vartheta = \{\beta, \rho, \theta, \underline{C}, h_1, h_2\}$，同时选择参数 t_1^* 和 t_2^*。具体算法如下。

首先，给定 χ，从第 T 期到第 1 期逆向递归数值求解贝尔曼方程［式（3-11）］，得到每一期的最优消费规则 $\{C_t(A_t)\}_{1 \leq t \leq T}$。与徐舒和赵绍阳（2013）、杨继生和邹建文（2020）等的做法类似，本章使用 Carroll（2006）的内生格点法求解各个时期的消费函数。具体的求解算法见本章附录。

其次，对于给定的消费规则与初始财富分布，利用式（3-3）从第 1 期到第 T 期数值模拟 I_s 个个体的生命周期消费路径 $\widehat{C}_{i,t}^s(\vartheta; \widehat{\chi})$。

最后，选择结构参数，使数据中的生命周期消费路径 $\widehat{C}_{i,t}$ 与模拟出来的生命周期消费路径$\widehat{C}_{i,t}^s(\vartheta;\widehat{\chi})$的距离最小。

本书在61—84岁样本中基于GMM目标函数最小化选择参数t_1^*和t_2^*，模拟矩估计的矩条件是

$$g_t(\vartheta;\widehat{\chi}) = \frac{1}{I_t}\sum_{i=1}^{I_t}\ln\widehat{C}_{i,t} - \frac{1}{I_s}\sum_{i=1}^{I_s}\ln\widehat{C}_{i,t}^s(\vartheta;\widehat{\chi}) \quad (3-12)$$

式中：$\widehat{C}_{i,t}$为样本数据中的消费；$\widehat{C}_{i,t}^s(\vartheta;\widehat{\chi})$为模拟生成的消费；$I_t$为每一时期$\ln\widehat{C}_{i,t}$的样本量；$I_s$为每一时期$\ln\widehat{C}_{i,t}^s$的样本量。[①]

四　样本数据及其统计描述

（一）样本数据

本章主要基于CFPS 2010年、2012年、2014年、2016年四期的面板数据估计消费—储蓄生命周期模型。

对于样本数据，本书做了如下处理：①剔除收入和消费在1%以下和99%以上的样本。②只保留户主年龄在60—85岁的样本。③只保留至少有三期连续观测值的样本。样本点的年龄分布具体见图3-2。

样本中最关键的变量是医疗支出、消费、收入和资产。医疗支出、总支出分别为家庭的医疗保健支出和居民消费性支出，都使用CPI进行平减。消费为家庭的非医疗支出，等于总支出减去医疗支出，包括食品支出、衣着支出、出行支出、通信支出、文娱休闲支出、家庭日常/家电/服务支出、居住支出、教育支出和其他支出。收入为调整后的家庭纯收入，基本收入为农业生产纯收入加工资性收入加非农经营收入，转移性收入由私人转移性收入、礼金礼品、政府转移性收入、退休养老金四部分组成，各类收入都是以2010年

---

① 在实证分析中，取$I_s = 20000$。

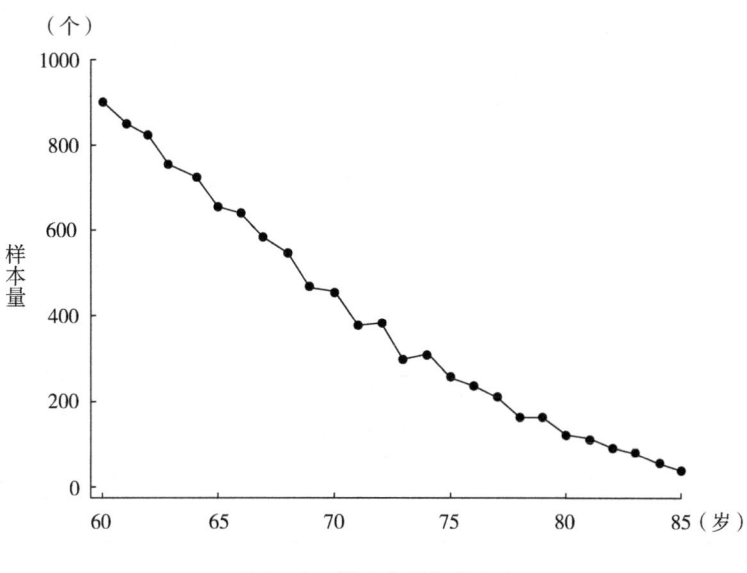

图 3-2　样本点的年龄分布

为基期的可比收入。资产为家庭净财产，包括房产、存款、股票、基金等。主要变量的描述性统计见表 3-1。①

表 3-1　主要变量的描述性统计

变量	全样本 均值	全样本 标准差	农村居民 均值	农村居民 标准差	城镇居民 均值	城镇居民 标准差
收入（元）	36382	58789	26445	34475	48855	77613
基本收入（元）	23229	53892	21812	32646	25007	72161
转移性收入（元）	13249	22176	4681	10337	23932	27679
总支出（元）	35979	37530	28080	30891	45894	42453

---

① 其中，健康为户主的自评健康状况，问卷中有五个答案，分别为健康、一般、比较不健康、不健康、非常不健康，当回答为健康或一般时令健康哑变量为1，否则为0。受教育程度为户主的受教育程度，根据受教育水平划分等级，受教育水平等级1—8分别代表：未上学、小学、初中、高中、专科、本科、硕士、博士（受教育程度为虚拟变量，等级1—8只代表受教育层次，不具有数值含义）。性别为户主性别，取值为0或1，0代表女性，1代表男性。

续表

变量	全样本		农村居民		城镇居民	
	均值	标准差	均值	标准差	均值	标准差
医疗支出（元）	4134	6723	3591	6198	4814	7272
消费（元）	31846	36002	24489	29530	41080	40933
资产（元）	428372	1495000	208633	540474	705313	2132000
流动资产（元）	25589	104007	14332	55924	39719	141825
家庭规模（人）	3.546	2.087	3.785	2.219	3.250	1.869
受教育程度	2.093	1.131	1.845	0.946	2.405	1.259
健康	0.749	0.433	0.703	0.457	0.807	0.394
年龄	67.50	6.040	67.06	5.733	68.05	6.363
性别	0.780	0.414	0.841	0.365	0.703	0.457
样本量	10293		5729		4564	

从描述性统计中可以看出，相比农村居民，城镇居民有更高的收入、更高的支出、更高的资产、更小的家庭规模，并且户主会有更高的受教育程度、更好的自评健康状况、更低的男性比例。

（二）消除个体特征和家庭特征的影响

在本书的理论模型中，并不包括家庭和个体特征，如家庭规模、个体教育程度等。所以，需要首先对医疗支出、消费、基本收入和转移性收入等进行数据调整，以消除其中个体特征和家庭特征的影响。

类似徐舒和赵绍阳（2013）的做法，本书首先用对数医疗支出、对数消费、对数基本收入和对数转移性收入对个体特征和家庭特征进行回归，得到对数医疗支出、对数消费、对数基本收入和对数转移性收入的残差：

$$\ln Q_{it} = f(age) + X_{it}\beta + \varepsilon_{it} \qquad (3-13)$$

式中：Q 为医疗支出、消费、基本收入或转移性收入；X 为户主的个体特征如受教育程度、健康、性别,以及家庭规模、年份虚拟变量和省份虚拟变量;age 为户主的年龄;$f(age)$ 为户主年龄的函数,这里利用非参核密度的方法估计,以获得关于年龄的平滑函数。回归得到的残差为 $\hat{\varepsilon}_{it}$,调整后的对数医疗支出、对数消费、对数基本收入和对数转移性收入为

$$\ln\widehat{Q}_{it} = \hat{f}(age) + \overline{X}_{it}\beta + \hat{\varepsilon}_{it} \qquad (3-14)$$

将调整后的对数医疗支出、对数消费、对数基本收入和对数转移性收入作为前文理论模型的输入变量。

(三) 第一阶段校准和估计

为了估计结构参数,需要先校准和估计一些外生参数,包括无风险利率 r、条件生存概率 $\{s_t\}_{t=1}^{T}$、医疗支出冲击 $\{\sigma_\eta^2, \sigma_\epsilon^2\}$ 和初始资产分布。其中,初始资产分布来自 CFPS 数据。

无风险利率 r 参照现有文献 (Chamon et al., 2013; Choi et al., 2017; 许志伟、刘建丰, 2019) 的做法,使用《中国统计年鉴》中金融机构的法定存款利率,取 2010 年到 2016 年的一年定期存款利率的平均值,得到 $r = 2.615\%$。此外,本书还使用 10 年期国债收益率进行稳健性检验,研究结论不变。

条件生存概率来自 2014 年《中国卫生和计划生育统计年鉴》,具体而言,本书使用其中的分城乡分年龄死亡率数据,由分年龄死亡率数据得到无条件生存概率,通过三次样条插值得到 59—85 岁的无条件生存概率,由此计算得到 60—85 岁的条件生存概率,如图 3-3 所示。[①]

医疗支出冲击参数参照现有文献的做法 (French and Jones, 2004;

[①] 对应的 2013 年为 CFPS 数据 2010 年至 2016 年的中间年份。

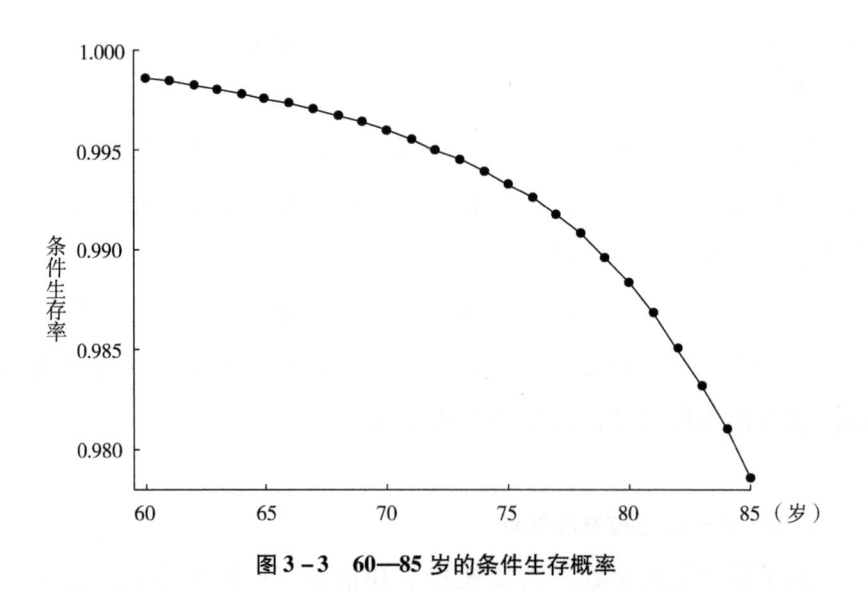

图 3-3 60—85 岁的条件生存概率

Meghir and Pistaferri, 2004; Blundell et al., 2008; Yu and Zhu, 2013; 徐舒, 2010; 徐舒、朱南苗, 2011), 使用最小距离法 (minimum distance estimator, MDE) 进行估计。表 3-2 列出了最小距离法估计得到的医疗支出冲击参数, 医疗支出冲击的方差衡量了医疗支出的风险, 医疗支出冲击的方差越大, 医疗支出风险越大。

表 3-2　医疗支出冲击参数估计结果

参数	总样本	农村居民	城镇居民
σ_η^2	0.523 (0.108)	0.634 (0.135)	0.355 (0.173)
σ_ε^2	3.974 (0.229)	3.492 (0.274)	4.592 (0.386)

注: 括号内为标准误。

从全样本来看, 居民面临的永久性医疗支出冲击的方差为 0.523,

暂时性医疗支出冲击的方差为 3.974。① 分城乡来看，与城镇居民相比，农村居民面临更大的永久性医疗支出风险、更小的暂时性医疗支出风险。考虑到永久性医疗支出冲击的影响比暂时性医疗支出冲击要大很多，农村居民实际上面临更大的医疗支出风险。

（四）主要变量的生命周期特征

在进行结构参数的估计之前，先考察一下主要变量的生命周期特征。图3-4分别描述了居民对数医疗支出、对数消费、对数基本收入、对数转移性收入、对数资产和对数流动资产的均值的生命周期路径。显然，随着年龄的增加，居民的医疗支出快速增加（虽然75岁之后有所减少），居民的消费、基本收入、持有的资产和流动资产快速减少，同时居民获得的转移性收入快速增加。

五 结构参数估计结果

模型对中国老年人实际消费路径的拟合效果，反映了模型对老年人现实消费特征的解释能力。在此，本书首先考察了传统模型、考虑健康因子的模型、同时考虑健康因子和退休因子的模型三种模型对老年人实际消费路径的拟合效果及其城乡异质性，证明了时变消费效用设定的必要性和合理性。

进而，本书具体测度并分析了老年人消费行为的结构参数及其城乡差异，并从不同角度验证了结果的稳健性。

---

① 许玲丽等（2012）利用来自江苏省昆山市人力资源和社会保障局的微观数据估计了城镇老年居民的医疗支出风险，虽然数据不同，但是本章的估计结果与其基本一致。

(a) 对数医疗支出均值

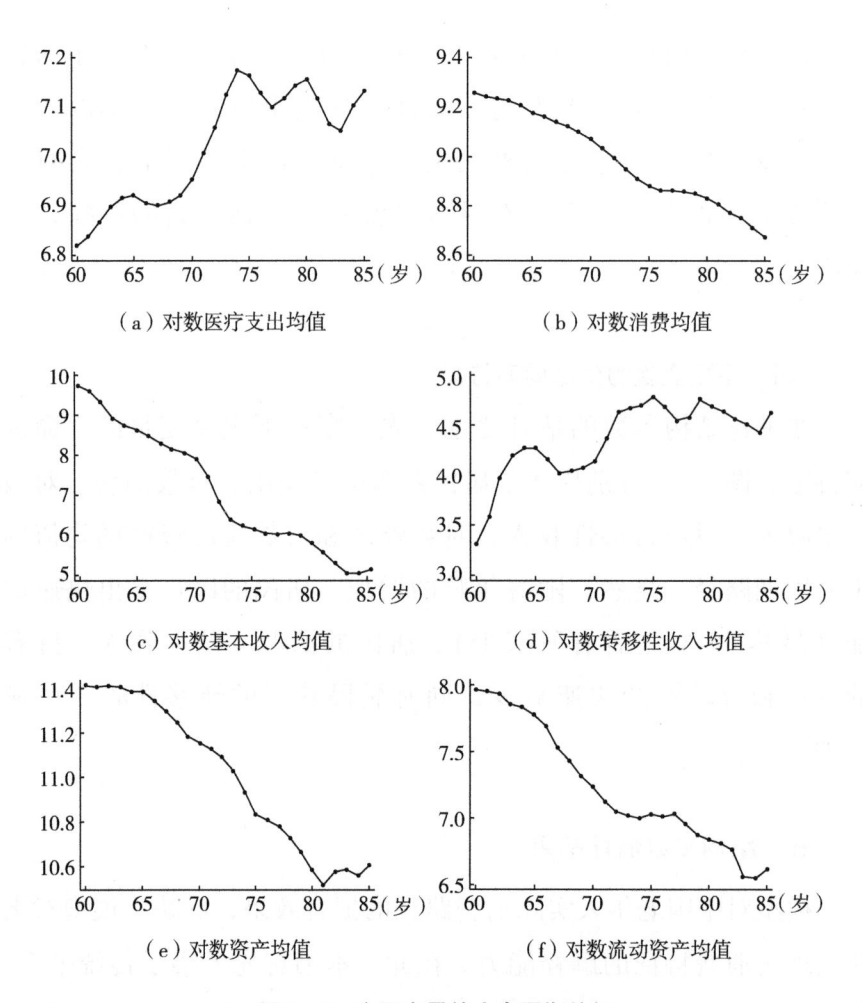

(b) 对数消费均值

(c) 对数基本收入均值

(d) 对数转移性收入均值

(e) 对数资产均值

(f) 对数流动资产均值

图 3-4　主要变量的生命周期特征

（一）模型拟合

对于结构模型，无论是结构参数估计、机制分析还是政策模拟，其可靠性都建立在模型能够充分拟合数据的基础之上。为了评估模型对老年居民消费行为的刻画能力，需要把模型生成的模拟消费路径与样本数据反映的真实消费路径进行对比。如果模拟消费路径和真实消费路径很接近,则表明模型对居民消费行为的刻画是准确的。

本书首先考察基于传统 CRRA 效用函数形式的模型拟合结果,如图 3-5(a)所示。其中,圆圈表示样本数据所反映的生命周期(对数)消费路径,实线表示模型拟合的生命周期(对数)消费路径。

显然,传统模型根本无法拟合老人年 75 岁之后的消费路径。老年人 75 岁以后,实际消费路径和模拟消费路径的趋势几乎完全相反。传统模型会低估老人年 75—80 岁的消费,而大大高估老人年 80 岁之后的消费。

为了提高模型的拟合能力,本书在效用函数中引入健康指数。考虑健康因子后的模型拟合结果如图 3-5(b)所示,模型很好地拟合了样本数据中的生命周期消费路径。同时,对模型的过度识别进行检验,卡方统计值为 5.402,对应的 P 值接近 1.000,表明模型具有很好的拟合能力。本书基于 GMM 目标函数最小化得到的参数 t^* 为 80 岁,也就是说老年人 80 岁以后的消费效用会降低。

在引入健康因子之前,传统模型难以拟合 75 岁以后的真实消费路径。在引入健康因子之后,老年人在 75—80 岁的消费会提高,80 岁之后的消费会降低,使模型能够很好地拟合样本数据中的消费趋势。

显然,75 岁是老年人消费行为发生本质性转变的节点。在 75 岁之前,老年人消费行为基本不受健康因子影响;但在 75 岁之后,老年人消费行为会有本质上的变化,开始显著受到健康因子的影响。

比较图 3-5(a)和图 3-5(b)可以看出,尽管消费效用变化的阈值年龄是 80 岁,但其对消费路径的影响节点并不是 80 岁,而是在 75 岁左右。也就是说，老年居民考虑到 80 岁以后的消费效用会下降，所以在生命周期内对其消费路径进行平滑，从而提高 80 岁之前的消费、减少 80 岁之后的消费。

考虑了健康因子的模型虽然能够较好地拟合高龄老年人的实际消费路径，但对老年人 60 岁之后几年的拟合效果还不是很理想。为此本书进一步引入退休因子，同时考虑健康因子和退休因子的模型拟合结果如图 3-5（c）所示。

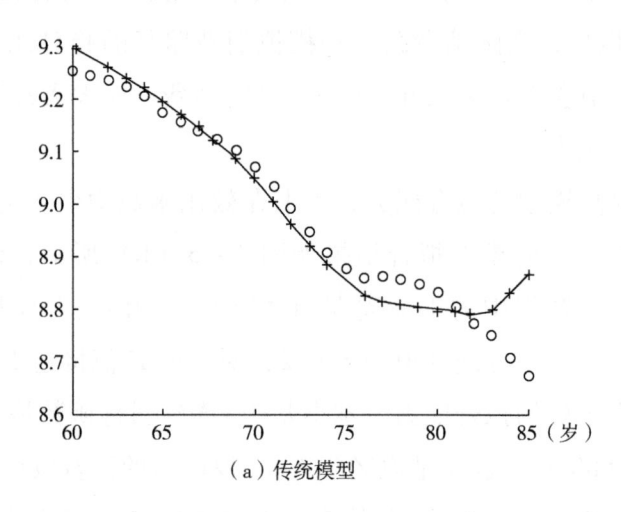

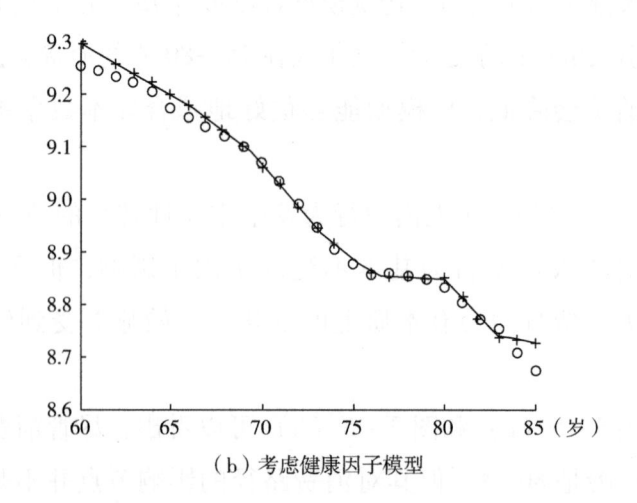

(a) 传统模型

(b) 考虑健康因子模型

(c) 考虑健康因子和退休因子模型

○ 真实消费路径　　＋ 模拟消费路径

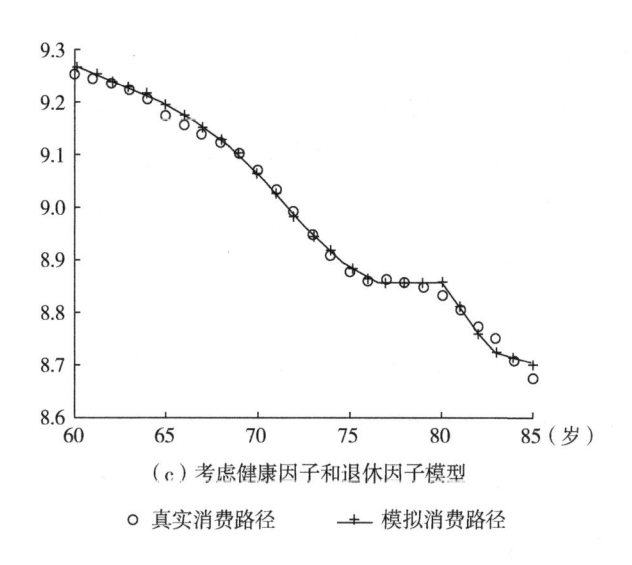

图 3-5　老年人消费路径拟合结果

可以看出，引入退休因子后，模型对老年人 60 岁之后几年消费路径的拟合效果得到了改善。不过，退休因子的估计结果为 1.006，并不显著异于 1（标准误为 0.012）。这表明，对于全样本而言，只考虑健康因子也能够很好地刻画老年人消费的行为特征。

（二）分城乡讨论

中国典型的二元经济结构致使城乡之间在收入、教育、健康、社会保障等方面都存在显著差异，因而分析居民消费行为不能不考虑城乡差异。农村居民和城镇居民的模型拟合结果分别如图 3-6 和图 3-7 所示。

总体而言，中国城乡老年人的消费行为存在很大的差异。农村老年人消费行为受健康因子的影响更大，也更早（作用节点为 70 岁左右），但不受退休因子的影响。城镇老年人的消费行为的转变不但受健康因子的影响（作用节点为 78 岁左右），还显著受退休因子的影响。

1. 农村居民

传统模型对70岁以后农村老年人消费路径的拟合是反向背离的[图3-6（a）]。在引入健康因子后，模型已经可以很好地拟合老年人的实际消费路径[图3-6（b）]。进一步引入退休因子，模型对老年人65岁之前消费路径的拟合能力进一步增强[图3-6（c）]。

不过，退休因子的估计值为1.010，不显著异于1（标准误为0.035）。比较图3-6（b）和图3-6（c），表明退休因子对农村老年人的消费路径没有显著影响。

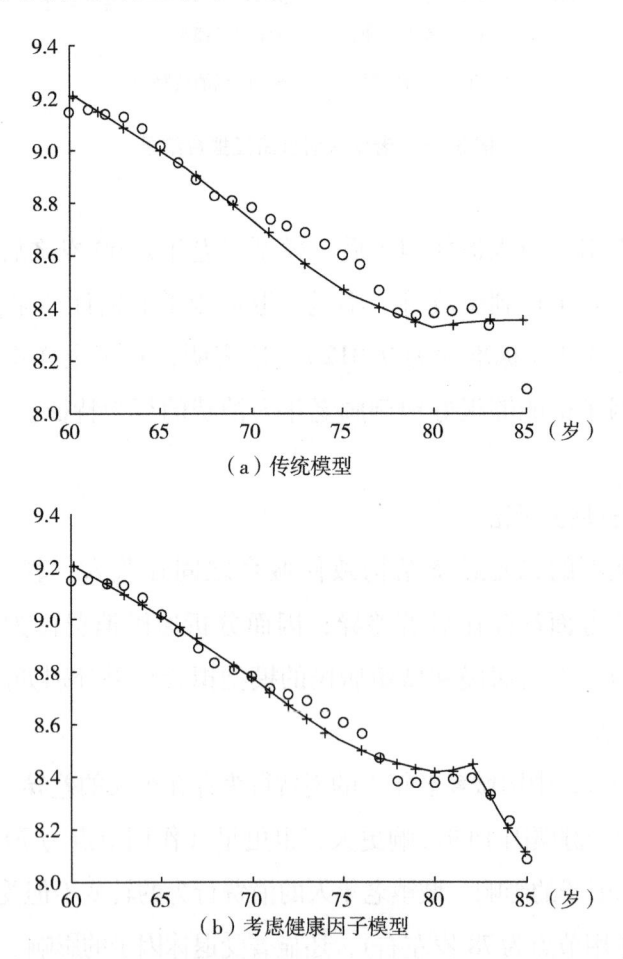

（a）传统模型

（b）考虑健康因子模型

第三章　老年人消费的结构参数和行为特征

（c）考虑健康因子和退休因子模型
○ 真实消费路径　＋ 模拟消费路径

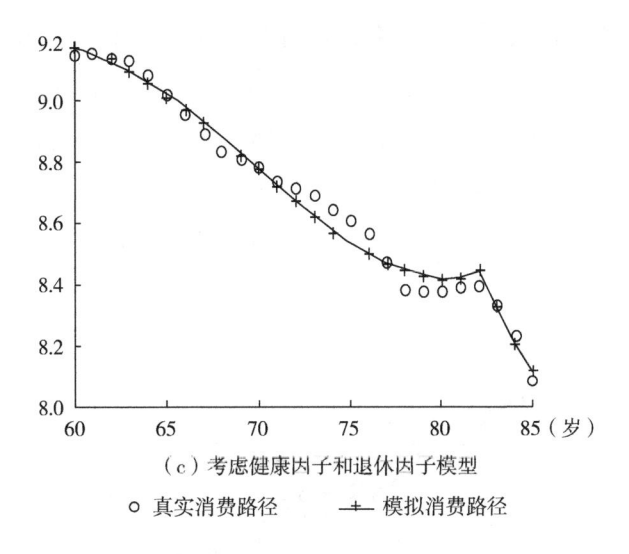

图 3-6　模型拟合：农村老年人

比较图 3-6（a）和图 3-6（b），表明农村老年人消费行为发生根本性转变的节点在 70 岁左右，其转变的驱动因素主要是健康因子。

2. 城镇居民

传统模型拟合结果会显著高估城镇老年人 65 岁之前和 78 岁之后的消费，低估 65—78 岁时的消费 [图 3-7（a）]。在引入健康因子后，模型能够很好地拟合 72 岁以后老年人的消费路径，但对于其 72 岁以前的消费，模型拟合得并不理想，会高估 65 岁以前、低估 65—71 岁的消费 [图 3-7（b）]。进一步引入退休因子后，模型能够很好地拟合老年人的实际消费路径 [图 3-7（c）]。退休因子估计值为 1.039，显著大于农村老年人的退休因子，更显著异于 1（标准误为 0.019）。

比较图 3-7（a）、图 3-7（b）和图 3-7（c），显然，城镇老年人消费行为的转变是由健康因子和退休因子共同驱动的。健康因子驱动的年龄节点在 78 岁左右。

引入退休因子会显著提升生命周期模型对退休后（65岁前后）城镇老年人消费路径的拟合能力，从而可以在生命周期模型框架下有效解释相关文献（李宏彬等，2015；邹红、喻开志，2015）所揭示的中国城镇家庭"退休消费之谜"。这也是本书将效用函数式（3-10）中的第一个因子称为退休因子的原因所在。

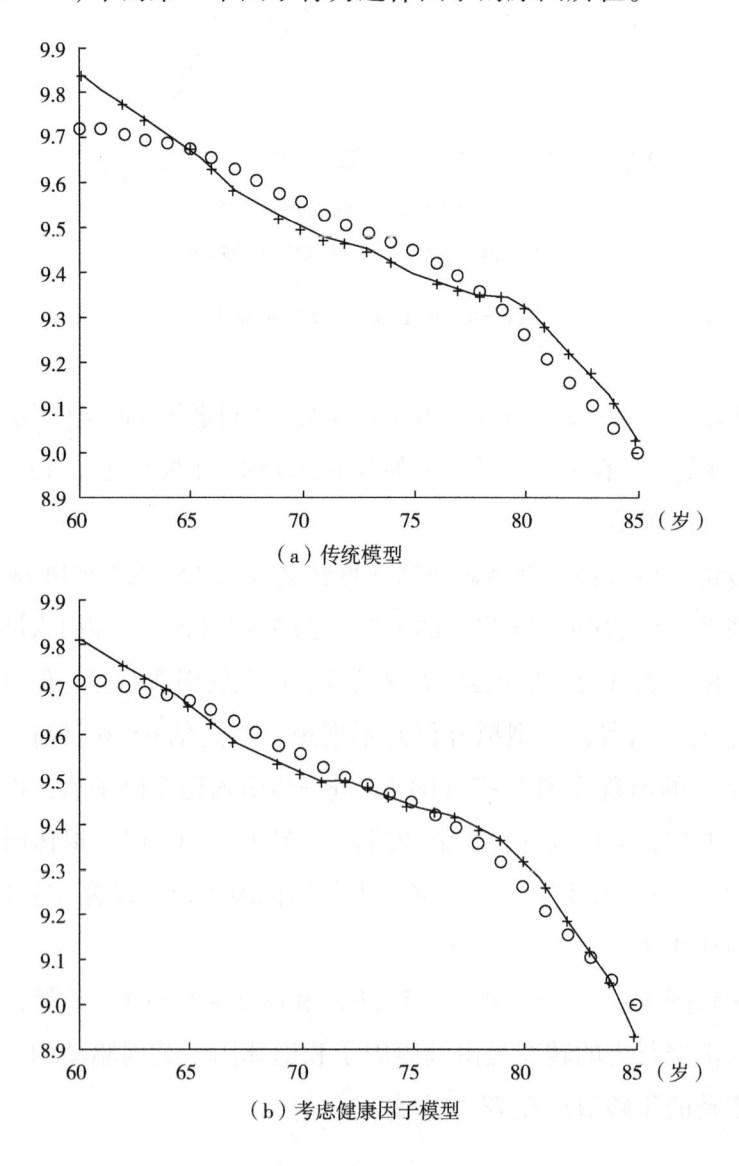

（a）传统模型

（b）考虑健康因子模型

(c) 考虑健康因子和退休因子模型

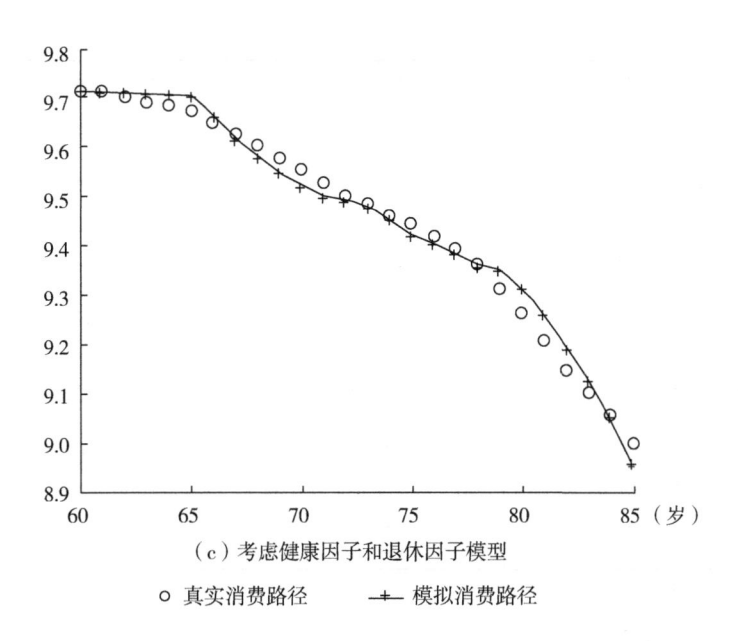

○ 真实消费路径   ╋ 模拟消费路径

图 3 - 7　模型拟合：城镇老年人

（三）结构参数

表 3 - 3 和表 3 - 4 分别给出了全样本及分城乡结构参数的估计结果。

对农村居民只考虑健康因子，对城镇居民和全样本则同时考虑健康因子和退休因子。

表 3 - 3　　　　　　　　参数估计结果：全样本

参数	传统模型	考虑健康因子模型	考虑健康因子和退休因子模型
β	0.785 (0.028)	0.790 (0.041)	0.792 (0.051)
ρ	1.310 (0.120)	1.298 (0.200)	1.289 (0.195)

续表

参数	传统模型	考虑健康因子模型	考虑健康因子和退休因子模型
θ	36.12 (6.054)	38.78 (1.628)	39.10 (4.909)
$\underline{C}$	1159 (137.2)	1116 (96.54)	1105 (116.7)
h_1	—	—	1.006 (0.012)
h_2	—	0.945 (0.039)	0.937 (0.018)
t_1^*	—	—	65 岁
t_2^*	—	80 岁	80 岁

注：括号内为标准误。

表 3-4　　　　　　　　　　参数估计结果：分城乡

参数	农村居民			城镇居民		
	传统模型	考虑健康因子模型	考虑健康因子和退休因子模型	传统模型	考虑健康因子模型	考虑健康因子和退休因子模型
β	0.750 (0.061)	0.754 (0.047)	0.752 (0.059)	0.832 (0.023)	0.837 (0.015)	0.842 (0.047)
ρ	1.413 (0.259)	1.414 (0.214)	1.417 (0.276)	1.053 (0.111)	1.043 (0.065)	1.047 (0.203)
θ	23.85 (2.880)	25.49 (4.684)	26.79 (5.189)	40.44 (4.430)	40.23 (5.700)	41.77 (7.329)
$\underline{C}$	870.8 (28.56)	933.4 (189.3)	942.4 (133.7)	1718 (256.9)	1718 (309.1)	1814 (433.1)
h_1	—	—	1.010 (0.035)	—	—	1.039 (0.019)

续表

参数	农村居民			城镇居民		
	传统模型	考虑健康因子模型	考虑健康因子和退休因子模型	传统模型	考虑健康因子模型	考虑健康因子和退休因子模型
h_2	—	0.904 (0.038)	0.909 (0.038)	—	0.972 (0.028)	0.987 (0.024)
t_1^*	—	—	65 岁	—	—	65 岁
t_2^*	—	82 岁	82 岁	—	78 岁	78 岁

注：括号内为标准误。

1. 健康因子 h_2

健康因子衡量了高龄老年人消费效用的降低程度。其作用机制是，因为阈值年龄之后的消费效用减小，所以老年人会选择降低阈值年龄之后的消费，而提升阈值之前的消费。

全样本的健康因子估计值为 0.937，显著小于 1，效用函数中的阈值年龄是 80 岁，这意味着在 80 岁以后，居民从消费中获得的效用是其 80 岁以前的 93.7%。

进一步分城乡估计，农村居民的健康因子是 0.904，显著小于 1，且显著低于城镇居民的 0.972。二者效用函数中的阈值年龄分别是 82 岁和 78 岁，即 80 岁左右。这意味着在 80 岁左右以后，农村老年人从等量消费中获得的效用要显著低于城镇居民。

2. 退休因子 h_1

退休因子反映退休后居民消费的下降。对于城镇居民而言，退休因子的估计值为 1.039，显著大于 1，效用函数中的阈值年龄是 65 岁。也就是说，退休因子会导致居民显著降低其在 60—65 岁的消费。无论是从退休因子的估计值来看还是从前文中模型的拟合结果来看，对于农村居民而言，退休因子都可以忽略不计。

3. 遗赠动机参数 θ

遗赠动机参数值越大，遗赠动机就越强。基于全样本估计的 θ 为 39.10，这意味着老年居民在死亡时会遗赠 93.6% 的财富。表明中国老年居民存在非常强烈的遗赠动机。[①]

分城乡来看，农村居民的遗赠动机参数为 25.49，显著低于城镇居民的 41.77（图 3-4）。可以计算出，农村老年人在死亡时会遗赠 89.2% 的财富，显著低于城镇老年人的 96.9%。这表明相比农村居民，城镇居民有更强的遗赠动机。

4. 贴现因子 β

基于全样本估计的 β 等于 0.792，接近徐舒和赵绍阳（2013）估计的非公务员的贴现因子 0.797。分城乡来看，农村居民的贴现因子为 0.754，显著低于城镇居民的 0.842。这表明与农村居民相比，城镇居民更没有耐心，更看重当期消费。

5. 风险厌恶系数 ρ

基于全样本估计得到的风险厌恶系数为 1.289。分城乡来看，农村居民的风险厌恶系数为 1.414，显著高于城镇居民的 1.047。这表明与农村居民相比，城镇居民更厌恶风险。

6. 最低生活保障水平 $\underline{C}$

$\underline{C}$ 越大，居民享受的社会保障越好。本书估计得到的最低生活保障为 1105 元/年，在 2010 年，中国的最低生活保障为 100 元/月左右，本书的估计结果与实际状况比较接近。[②]

[①] 遗赠比例为 $\frac{X_T - C_T}{X_T} = \frac{1}{1 + (\beta R \theta)^{-\frac{1}{\rho}}}$，其中 $X_t = R \cdot A_{t-1} + Y_t + TR_t - M_t$，是可用于消费的总财富。

[②] 中国政府网的文件显示，2010 年山东省各地农村低保标准全部提高到年人均 1200 元以上，江西省城市低保对象财政月人均补差标准由 155 元提高到 180 元、农村低保对象财政月人均补差标准由 65 元提高到 75 元。

分城乡来看，农村居民的最低生活保障水平为933.4元/年，显著低于城镇居民的1814元/年。这与现实情况是相符的，相比城镇居民，农村居民的社会保障水平确实更低。

（四）稳健性检验

1. 健康因子阈值年龄的影响

在基准分析结果中，本书通过最小化GMM目标函数得到健康因子的阈值年龄t_2^*。为探究模型对健康因子阈值年龄的识别能力，本书也分别报告阈值年龄在70岁和75岁的模型拟合结果。当健康因子拐点等于70岁时［图3-8（a）］，GMM目标函数值为0.0544，与模型未引入健康指数一样，会显著低估75岁到80岁时的消费，对80岁之后的消费路径有趋势性的偏离。而当健康因子拐点等于75岁时［图3-8（b）］，目标函数降到0.0282，模型的拟合依然有类似的问题。

（a）阈值年龄为70岁　　（b）阈值年龄为75岁

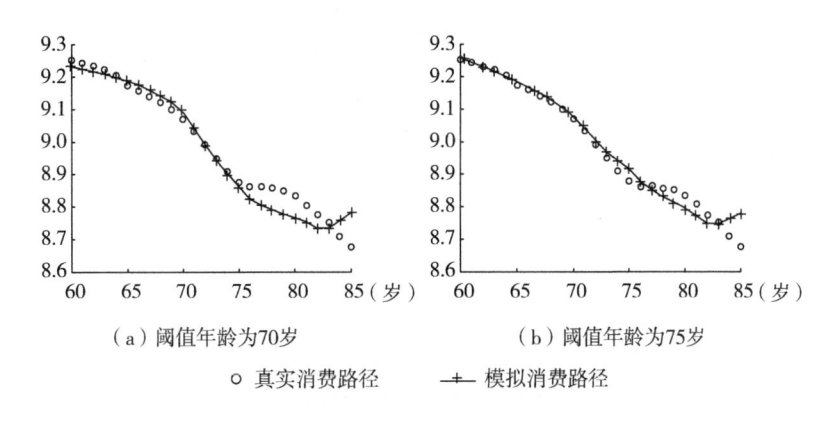

○ 真实消费路径　　＋ 模拟消费路径

图3-8　健康因子阈值年龄的影响

基于目标函数最小化所得到的阈值年龄为80岁，其目标函数值为0.0106，此时模型拟合最好。显然，基于目标函数最小化能够很好地识别健康因子的阈值年龄。

2. 匹配年龄的影响

在基准分析结果中,对于居民消费本书匹配到 85 岁,发现 80 岁之后居民从消费中获得的效用会显著降低。

显然,如果只匹配到 80 岁,就无须考虑健康因子,传统模型应该也能够刻画老年人的消费行为,但模型将无法刻画 80 岁之后的老年人消费行为。而且,模型是通过死亡之前老年人的消费行为来识别遗赠动机的,只匹配到 80 岁意味着模型很可能会高估遗赠动机。

为了验证匹配年龄对分析结果的影响,本书同时考察了匹配到 80 岁和 90 岁时的情形。

在只匹配到 80 岁的情况下 [图 3-9 (a)],无须考虑健康因子,传统的模型也可以拟合老年人消费的基本特征;在匹配到 90 岁的情况下 [图 3-9 (b)],模型依然较好地拟合了老年人的消费路径。但由于 85 岁以上的样本点很少,拟合的消费路径有些波动。

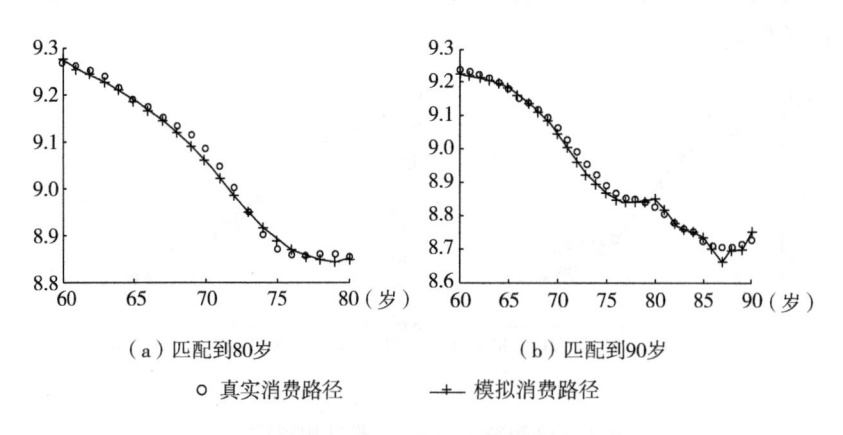

(a) 匹配到80岁　　　　(b) 匹配到90岁

○ 真实消费路径　　＋ 模拟消费路径

图 3-9　匹配年龄的影响

表 3-5 列出了稳健性检验下的参数估计结果。在匹配到 90 岁的情况下,健康因子的估计值为 0.946,略高于基准设定下的结果,效用函数中的阈值年龄是 80 岁,与基准设定相同。退休因子的估计值也与基准设定接近。在匹配到 80 岁的情况下,遗赠动机参数为

50.47，显著高于基准设定下的结果。这表明，只匹配到 80 岁确实会显著高估遗赠动机参数。在匹配到 90 岁的情况下，遗赠动机参数为 37.67，与基准设定无显著差异。这表明，匹配到 90 岁并不会显著影响遗赠动机参数的估计结果。其他结构参数也均与基准设定的结果比较接近。

表 3-5　　　　　　　　参数估计结果：稳健性检验

参数	基准设定	匹配到 80 岁	匹配到 90 岁
β	0.792 (0.051)	0.774 (0.065)	0.782 (0.027)
ρ	1.289 (0.195)	1.363 (0.259)	1.340 (0.117)
θ	39.10 (4.909)	50.47 (0.802)	37.67 (6.702)
$\underline{C}$	1105 (116.7)	1407 (370.3)	1143 (356.9)
h_1	1.006 (0.012)	—	1.015 (0.036)
h_2	0.937 (0.018)	—	0.946 (0.064)
t_1^*	65 岁	—	65 岁
t_2^*	80 岁	—	80 岁

注：括号内为标准误。

3. 房产的影响

在基准结果中，居民的资产是净资产，其中包括房产。类似 Cagetti（2003）的做法，为了确保结论的稳健性，本书在资产中去除房产，重新估计模型。

去除房产后，模型完全无法拟合老年人的消费路径，如图 3-10（b）

所示，扣除房产后模型会显著低估老年人的消费。这表明，对于老年人而言，住房具有显著的财富效应，基于生命周期模型研究老年人储蓄时，资产应该包括房产，或者分别刻画房产和金融资产（Nakajima and Telyukova，2019、2020）。

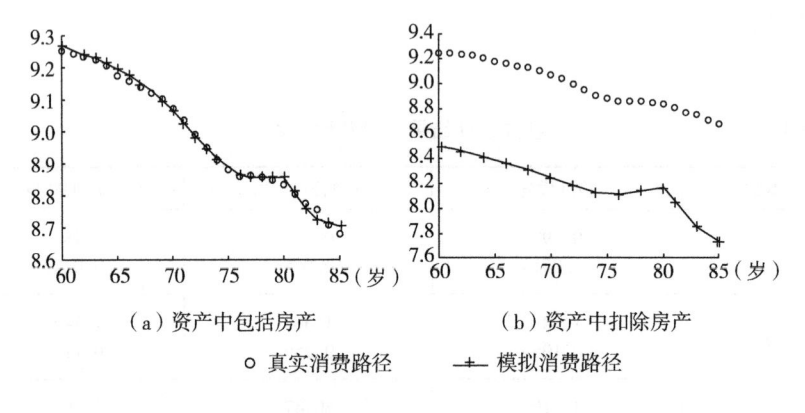

（a）资产中包括房产　　　　（b）资产中扣除房产

○ 真实消费路径　　＋ 模拟消费路径

图 3-10　房产的影响

4. 其他稳健性检验

传统模型对老年人消费行为无法拟合是本书对模型进行扩展的原因，为了论证"传统模型无法拟合"的结论的稳健性，以及证明模型中的第一阶段参数的取值、消除个体和家庭特征的影响不会影响研究结论，本书进行了一系列稳健性检验。

第一，对于无风险利率 r，本书参照现有文献的做法，设为2%。如图 3-11（a）所示，使用这种做法不会改变本章的结论，传统模型同样无法拟合老年人消费特征，只不过估计得到的结构参数具体取值会有所差异（表 3-6），贴现因子会略低，风险厌恶系数会略高。此外，本书还使用10年期国债收益率进行稳健性检验，从中国债券信息网得到2010年到2016年10年期国债收益率的均值为3.571%，模型拟合和基准结果是一样的，得到的结构参数估计结果与基准结果相比略有变化。

第三章 老年人消费的结构参数和行为特征

(a) 利率 $r = 2\%$

(b) $f(age)$ 取五次多项式

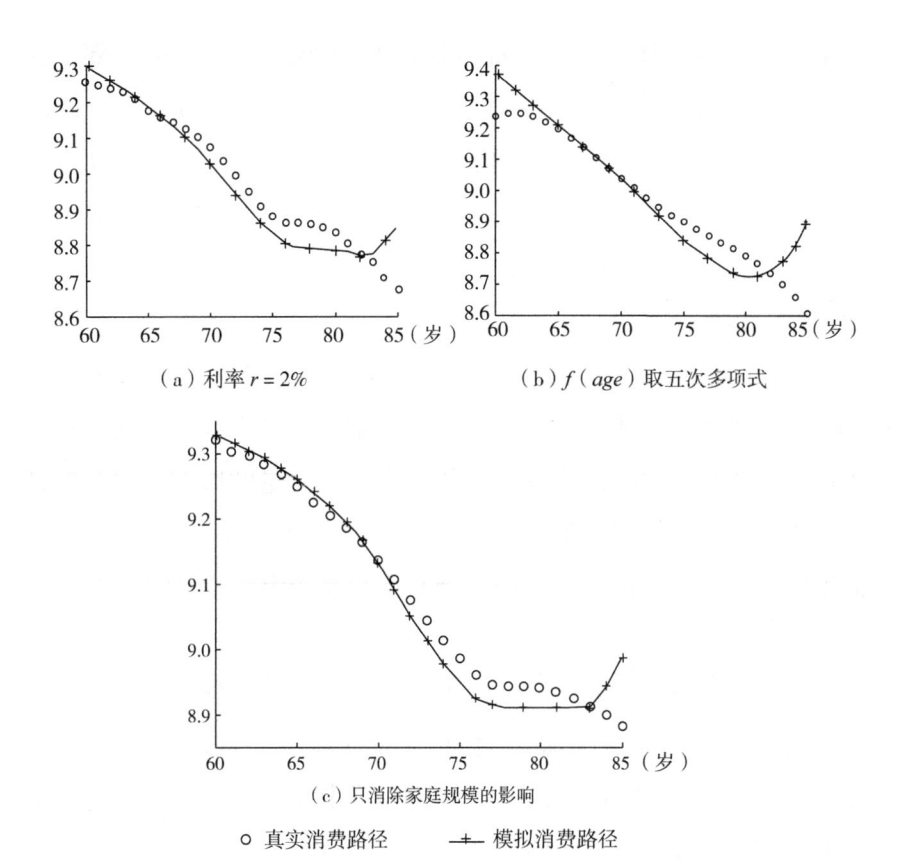

(c) 只消除家庭规模的影响

○ 真实消费路径　　＋ 模拟消费路径

图 3-11　传统模型的稳健性检验

表 3-6　　　　传统模型参数估计结果：稳健性检验

参数	利率 $r=2\%$	$f(age)$ 取五次多项式	只消除家庭规模的影响
β	0.753 (0.032)	0.767 (0.026)	0.780 (0.041)
ρ	1.448 (0.117)	1.361 (0.112)	1.354 (0.180)
θ	33.70 (2.448)	33.74 (2.950)	37.28 (3.093)
$\underline{C}$	1179 (105.3)	1192 (144.4)	1303 (193.5)

注：括号内为标准误。

第二，消除个体和家庭特征的影响是重要的数据处理步骤，为了验证这个过程对研究结论的影响，本书遵循 Gourinchas 和 Parker（2002）的做法，在对医疗支出、消费、基本收入和转移性收入等进行调整时，式（3-13）中关于户主年龄的函数 $f(age)$ 取五次多项式。如图 3-11（b）所示，使用不同方法得到的生命周期路径对模型拟合没有大的影响。

第三，考虑到家庭规模是重要的消费行为影响因素（Gourinchas and Parker，2002），本书在对医疗支出、消费、基本收入和转移性收入等进行调整时，只控制家庭规模和年份虚拟变量的影响，由此验证消除个体和家庭特征对研究结论的影响。如图 3-11（c）所示，只控制家庭规模和年份虚拟变量的影响并不会改变模型拟合的结论。

六 老年人消费的决定因素：医疗支出风险还是遗赠动机？

现有文献对"老年人储蓄之谜"的解释主要从医疗支出风险和遗赠动机的角度考虑。其中，如何量化医疗支出风险和遗赠动机的相对重要性是一个难题（De Nardi et al.，2016a）。很多文献对这一问题进行了测度和分析（De Nardi et al.，2010；Ameriks et al.，2011；Kopecky and Koreshkova，2014；Lockwood，2018；Ameriks et al.，2020）。

中国人具有很强的遗产观念，传统文化使老年人习惯将资产留给后代（陈健、黄少安，2013），这会导致老年人持有更多的资产。同时，中国的社会保障体系还有待完善，这会导致老年人更强的预防性储蓄动机。问题在于，对中国老年人而言，医疗支出风险和遗赠动机二者的影响哪个更重要、在城乡之间有何不同？

我们可以通过反事实模拟回答这一问题。分析结果显示，如果没有医疗支出风险，老年居民的消费会提高 50.8%；而消除遗赠动机，老年居民的消费会提高 28.5%。也就是说，医疗支出风险减少了老年居民约 1/3 的消费，而遗赠动机减少了约 1/5。

(一) 医疗支出风险

当居民面临医疗支出风险时，风险厌恶的居民会进行预防性储蓄，主动积累更多的资产以规避消费下降的风险。显然，如果居民具有预防性储蓄动机，当消除医疗支出风险后，居民的消费会上升，持有的资产会下降。

本书首先通过反事实模拟，测度在没有医疗支出风险情形下居民的生命周期消费路径和资产路径，以揭示医疗支出风险的具体影响。具体而言，其他因素保持不变，将居民医疗支出设定为没有医疗支出风险的水平，对模型重新求解，模拟得到 200000 个居民的（对数）消费路径和（对数）资产路径，在各年龄上取平均，得到消除医疗支出风险后居民的生命周期消费路径和资产路径。

图 3-12 描绘了消除医疗支出风险后居民实际的和模拟的生命周期消费路径和资产路径。可以看出，当消除医疗支出风险后，初期消费会显著上升，后期消费则显著下降。同时，居民持有的资产会显著下降。

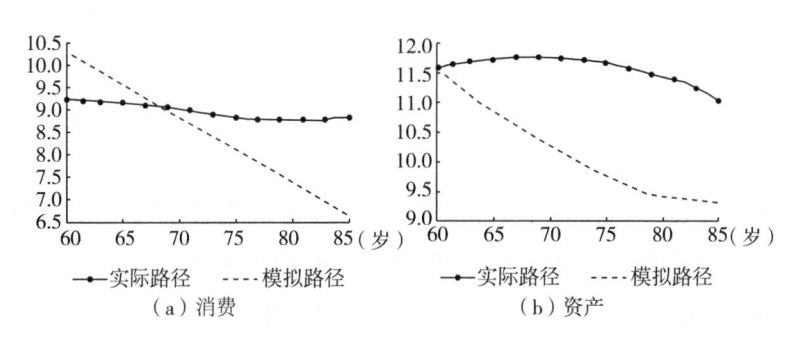

图 3-12 消除医疗支出风险后居民实际的和模拟的生命周期消费路径和资产路径

表3-7分别列出了消除医疗支出风险对于居民生命周期消费和资产的具体影响。可以发现：在消除医疗支出风险后，老年居民的消费会提高50.8%，持有的资产会降低57.6%。

表3-7　　　　　　　　消除医疗支出风险的影响　　　　　　　　单位：%

项目	全样本	农村老年居民	城镇老年居民
消费	50.8	55.3	45.3
资产	-57.6	-65.7	-46.1

分城乡来看，相比城镇老年居民，农村老年居民受医疗支出风险的影响更大。在没有医疗支出风险的情况下，农村老年居民的消费会增加55.3%，显著大于城镇老年居民的45.3%。农村老年居民持有的资产会降低65.7%，显著大于城镇老年居民的46.1%。其原因可能在于，农村老年居民的医疗保险和社会保障相对较弱，更容易受医疗支出风险的影响。

（二）遗赠动机

遗赠动机，会使居民持有更多的资产，从而降低消费。所以，当消除遗赠动机后，居民的消费会上升，持有的资产会下降。

我们可以通过反事实模拟，测度在没有遗赠动机的情形下居民的生命周期消费路径和资产路径，以揭示遗赠动机的具体影响（"遗赠效应"）。

具体而言，保持其他因素不变，将遗赠动机设为零，也就是85岁前居民会完全消费掉其持有的财富。对模型重新求解，模拟得到200000个居民的（对数）消费路径和（对数）资产路径，在各年龄上取平均，得到消除遗赠动机后居民的生命周期消费路径和资产路径。

图 3-13 描绘了消除遗赠动机后居民实际的和模拟的生命周期消费路径和资产路径。可以发现，当消除遗赠动机后，居民所有时期的消费都会显著上升，同时持有的资产会显著下降。

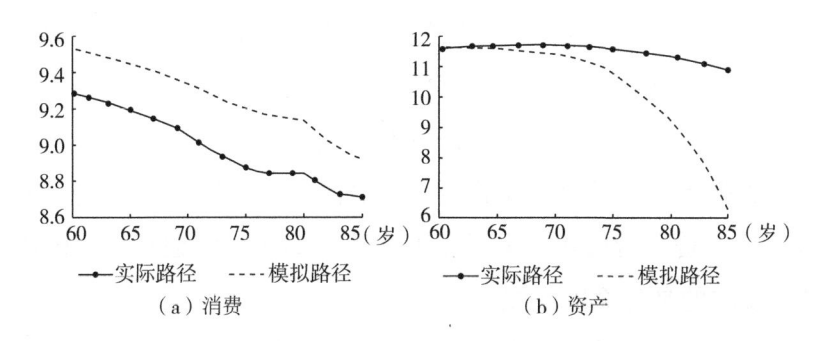

图 3-13　消除遗赠动机后居民实际的和模拟的生命周期消费路径和资产路径

表 3-8 分别列出了消除遗赠动机对居民生命周期消费和资产的具体影响。在消除遗赠动机后，老年居民的消费会提高 28.5%，持有的资产会降低 23.1%。

表 3-8　遗赠动机的影响　　　　　　　　　　单位：%

项目	全样本	农村老年居民	城镇老年居民
消费	28.5	14.7	49.2
资产	-23.1	-13.2	-40.3

分城乡来看，相比城镇老年居民，农村老年居民受遗赠动机的影响较小。在没有遗赠动机的情况下，农村老年居民的消费会增加 14.7%，显著低于城镇老年居民的 49.2%，其持有的资产会降低 13.2%，显著低于城镇老年居民的 40.3%。

总的来说，医疗支出风险对老年人消费行为的影响要显著大于遗赠动机。分城乡来看，农村居民受医疗支出风险的影响更大，受遗赠动机的影响更小。

七 进一步的讨论：健康因子与生存风险评价

如前所述，健康因子主要反映高龄老年人消费效用随年龄变化的动态特征。图3-5的模型拟合结果显示：传统模型难以拟合75岁以后老年人的实际消费路径，而加入健康因子以后，高龄老年人的实际消费路径得到了很好的拟合。显然，健康因子揭示老年人在75岁以后消费平滑模式发生了显著变化。那么，问题在于，健康因子具体反映的是什么因素呢？

要回答这一问题，需要首先明确一点：健康因子是效用函数的时变调节因子，反映了高龄老年人的消费效用可能随年龄增长而变化。显然，这一属性决定了健康因子具有主观评价的特征。

进而，需要考虑的是，75岁这一年龄节点对老年人有什么特征意义？统计数据显示，在样本期初的2010年，中国人口平均预期寿命是74.83岁；在样本期末的2016年，则提高到76.5岁。显然，75岁是样本期内中国老年人的平均预期寿命。

一个合理的解释是，到达平均预期寿命的年龄节点以后，老年人的生存风险意识被强化，老年人会有意识地提前消费，由此导致老年人消费效用和消费路径的改变。

为了验证这一推断，本书基于中国老年健康影响因素跟踪调查（CLHLS）2011年和2014年的数据做进一步的分析。

CLHLS数据库询问了老年人的主观健康状况、日常活动能力等健康指标，其中主观健康具体问题为"您觉得您自己的健康状况怎么样？1. 很好，2. 好，3. 一般，4. 不好，5. 很不好"，当选择为1或2时，令主观健康状况虚拟变量取值为1，否则为0。

同时，数据库中关于日常活动限制和生活自理能力的信息则可以反映老年人的客观健康状况。日常活动限制的具体问题为"在最近6个月中，您是否因为健康方面的问题，而在日常生活活动中受到限制？"当回答为"受到很大限制"或"在一定程度上受到限制时"，我们令日常活动限制虚拟变量取值为1，否则为0。生活自理能力包含八项活动，即外出串门、购物、做饭、洗衣服、走远路、提重物、下蹲、乘坐公交汽车（程令国等，2015），每一项活动能独立完成，我们就令生活自理能力加1分，这样，生活自理能力取值为0—8。

根据图3-14可以发现，老年人的主观健康状况在60—75岁时快速下降，到75岁之后趋于稳定。这表明，老年人的主观健康评价在75岁左右确实发生了趋势性改变，这与健康因子对老年人消费路径的作用节点（在75岁左右）恰好对应。

（a）主观健康感受　　（b）客观生理健康

—— 日常活动限制（左轴）　---- 生活自理能力（右轴）

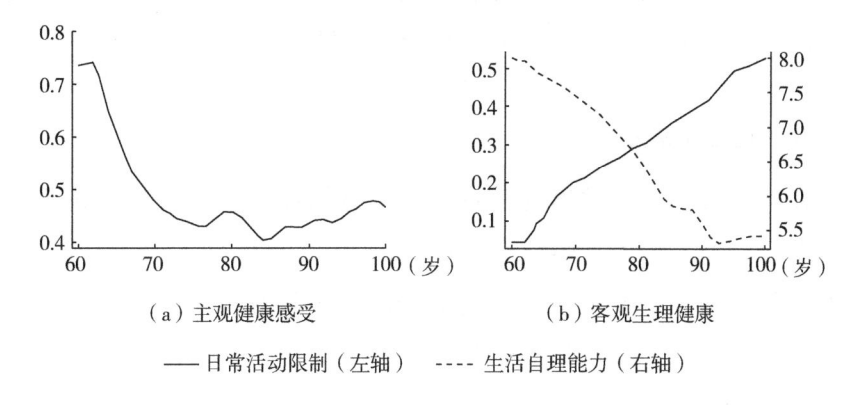

图3-14　老年人健康状况

与之相反，无论是日常活动限制还是生活自理能力，老年人的客观生理健康状况在60岁之后都是逐步、持续恶化的，在95岁之前不存在任何明显的拐点。

如表3-9所示，从城乡对比来看，农村老年人的生理健康并不比城市老年人差，甚至更好，但农村老年人的主观健康状况更差。这与本书估计的健康因子的结果是一致的，农村居民的健康因子显著低于城镇居民。显然，分城乡的统计数据分析，进一步证明导致老年人消费路径发生转换的是主观健康评价，而不是生理健康状况。

表 3-9　　　　　　　　城乡老年人的健康状况

变量	农村	乡镇	城市
主观健康状况	42.71%	43.25%	49.87%
日常活动限制	38.40%	42.59%	45.87%
生活自理能力	5.74	5.70	5.72

综上所述，本书初步判定，驱动高龄老年人消费平滑模式发生实质性转变的健康因子，更可能是老年人基于社会平均预期寿命对生存风险的主观评价，而不是客观的生理健康状况。

八　结论及启示

在外部市场冲击频繁的背景下，促进居民消费、提振内需显得尤为重要。随着中国老龄化程度的不断加深，老年人消费行为的重要性不断提升，有效识别老年人消费的行为特征，可以为完善社会养老保障机制、促进老年人消费提供依据。

老年人的消费行为与年轻人有着很大的差异，年轻人主要面临收入和工作的风险，老年人主要面临健康的风险，然而现有文献很少专门分析中国老年人的消费行为。本章在传统的消费—储蓄生命周期模型基础上，考虑随着年龄的增长，老年人消费效用的变化，引入时变的消费效用，进一步建立了一个带有医疗支出风险、遗赠动机等要素的消费—储蓄生命周期模型，以分析中国老年居民消费平滑的内在作用机制及其城乡异质性。

基于CFPS微观数据，本章研究发现：

(1) 医疗支出风险减少了老年居民约 1/3 的消费，显著大于遗赠动机的影响。

(2) 相比城镇老年居民，农村老年居民面临更大的医疗支出风险，受医疗支出风险的影响也更大，受遗赠动机的影响则较小。

(3) 退休因子对城镇老年人 65 岁前后的消费行为具有明显的平滑作用，会显著降低退休初期的消费路径。

(4) 基于对生存风险的主观评价，老年人会在 75 岁（样本期的社会平均预期寿命）以后，有意识地提前消费，显著改变其消费平滑模式。

根据第七次全国人口普查的数据，农村 60 岁及以上老年人占 23.81%，比城镇老年人比例高出 7.99%。面对日益严重的老龄化尤其是农村老龄化问题，上述结论表明：完善以医疗保障为核心的社会养老机制，做到"老有所养"，是应对农村老龄化和促进农村老年人消费的关键；同时，通过延迟退休等形式，做到"老有所为"，是促进城镇老年人消费的有效途径。

本章完善了对老年人消费行为的分析框架，未来的研究可以进一步考虑住房、代际转移支付、一般均衡等因素，建立更一般化的分析老年人消费行为的生命周期模型。

附录　模型求解算法

个体的预算约束改写为

$$X_{t+1} = R \cdot (X_t - C_t) + Y_{t+1} + TR_{t+1} + B_{t+1} - M_{t+1} \quad (A3-1)$$

式中：X_t 为 t 期的可用于消费的总财富（t 期的资产加上收入）；Y_t 为 t 时的基本收入（农业生产收入 + 工资性收入 + 非农经营收入）；TR_t 为转移性收入；B_t 为社会保障。

个体的医疗支出 M_t 由永久性部分 P_t（永久性医疗支出）和暂

时性部分 Ψ_t 组成，并满足

$$Y_t = P_t \Phi_t, \quad P_t = G_t P_{t-1} \Psi_t$$

式中：G_t 为 t 期永久性医疗支出的增长率；Φ_t 和 Ψ_t 分别为医疗支出的暂时性冲击和永久性冲击，$\ln \Phi_t \sim N(0, \sigma_\eta^2)$，$\ln \Psi_t \sim N(0, \sigma_\epsilon^2)$。

个体的生命周期效用最大化问题可以用贝尔曼方程来描述：

$$V_t(X_t, z_t) = \max_{C_t} \{ U(C_t) + \beta s_{t+1} E_t V_{t+1}(X_{t+1}, z_{t+1}) + \beta(1-s_{t+1}) \phi(A_{t+1}) \} \quad (A3-2)$$

个体的死亡时点是这一逆向迭代过程的起点。

基于式（A3-2）的一阶条件，得到欧拉方程为

$$u'[C_t(X_t)] = \beta R E_t \left\{ \begin{array}{l} s_{t+1} u'[C_{t+1}(X_{t+1})] \\ + (1-s_{t+1}) \theta u'(A_{T+1}) \end{array} \right\} \quad (A3-3)$$

为简化求解，参照 Carroll（1997）、Gourinchas 和 Parker（2002）的做法，用永久性医疗支出 P_t 对消费、收入和财富进行标准化，以减小状态变量的个数。这样，个体的预算约束式（A3-1）就表述为

$$x_{t+1} = \frac{R(x_t - c_t)}{G_{t+1} N_{t+1}} + y_{t+1} + tr_{t+1} + b_{t+1} - \Phi_{t+1} \quad (A3-4)$$

式中：x_t、c_t、y_t、tr_t、b_t 分别为用永久性医疗支出 P_t 标准化之后的财富、消费、基本收入、转移性收入、社会保障，即 $a_t = \frac{A_t}{P_t}$，$c_t = \frac{C_t}{P_t}$，$y_t = \frac{Y_t}{P_t}$，$tr_t = \frac{TR_t}{P_t}$，$b_t = \frac{B_t}{P_t}$。

由此，欧拉方程则为

$$u'[c_t(x_t)] = \beta R E_t \left\{ \begin{array}{l} s_{t+1} u'[c_{t+1}(x_{t+1}) G_{t+1} \Psi_{t+1}] \\ + (1-s_{t+1}) \theta u'(a_{t+1} G_{t+1} \Psi_{t+1}) \end{array} \right\}$$

$$(A3-5)$$

注意到最后一期之后的条件生存概率为 0，也就是 $s_{T+1} = 0$，由

此可以直接得到最后一期的消费函数为$\frac{c_T}{x_T} = \frac{(\beta R\theta)^{-\frac{1}{\rho}}}{1+(\beta R\theta)^{-\frac{1}{\rho}}}$。以最后一期的消费函数$c_T(x_T)$作为起点，需要进一步求解第$T-1$期到第1期的消费函数，得到每一期的最优消费规则。与徐舒和赵绍阳（2013）、杨继生和邹建文（2020）等的做法类似，使用 Carroll（2006）的内生格点法求解各个时期的消费函数。

式（A3.5）可以写为

$$u'[c_t(x_t)] = \beta R E_t \left\{ \begin{array}{l} s_{t+1}u'[c_{t+1}(\frac{R(x_t-c_t)}{G_{t+1}N_{t+1}} + y_{t+1} \\ + tr_{t+1} + b_{t+1} - \Phi_{t+1})G_{t+1}\Psi_{t+1}] \\ + (1-s_{t+1})\theta u'(a_{t+1}G_{t+1}\Psi_{t+1}) \end{array} \right\}$$

(A3-6)

式中：a_t为外生格点，$a_t = x_t - c_t$，把a_t离散化为K个格点$\{a_k\}$（$k=1, 2, \cdots, K$）。由此等式右边就是$\{a_k\}$的函数，因此可以直接求解得到对应的c_k^*，并且$x_k^* = c_k^* + a_k$，这里x_k^*就是内生格点。进一步地，用插值法就可以得到各个时期的消费函数$\{c_t(x_t)\}_{1 \leq t \leq T}$。式（A3-6）右边需要求期望，使用 Gauss - Hermite 求积公式求数值积分。

第四章　农村居民消费的群组行为分析

缘于宗族聚集及中国农村地区所特有的消费习惯和人文风俗，群组因素对农村居民消费行为的影响根深蒂固。消费的同群效应，是指个体的消费行为不仅随着自身特质因素，而且随着周围同伴消费行为而改变。有效识别农村居民消费决策中同群效应的作用机制与内在特征及其在不同消费层次居民之间的结构分化，有助于识别农村家庭消费决策的内在规律，为释放农村消费潜力提供结构化信息。

本章结合个体与同伴之间的经济距离及个体特征差异，基于个体家庭在群组内消费抉择的效用函数，优化得到农村居民家庭消费选择的行为方程；并且，基于该行为方程，测度了居民决策中"自主行为"和"顺势而为"两种作用机制的贡献比例，不但提供了更具经济意义的估计参数，而且揭示了农村居民消费选择中同群效应的微观发生机制。

一　问题的提出

社会网络和同群效应可以影响如消费行为等家庭日常决策。因此，测度和识别同群效应可能造成的相关影响，对准确分析消费效用和制定消费刺激政策有重要作用（De Giorgi et al., 2020；Ling et al., 2018）。许多实证研究已经证明同群效应对消费行为的影响，但较少在估计同群效应时考虑个体之间的特征差异可能造成的影响。本章结合个体与同伴之间的经济距离及特征差异，基于个体家庭在群组内消费抉择的效用函数，优化得到居民消费选择的行为方程，分析了具有宗族聚集特性的中国农村地区中同群效应对家庭消费决策的影响，测度衡量了在居民的消费选择中"自主行为"和"顺势而为"消费心理分别占的作用比重，揭示了农村居民消费选择中同群效应的微观发生机制。

首先，本章在传统测度模型的基础上，加入对网络结构的考量。估计同群效应的传统模型大多基于个体的消费行为受到其同伴行为均值的影响这一基础设定（Blume et al., 2015；Bramoullé et al., 2009；Sacerdote, 2001）。该设定意味着不同同伴对个体所产生的影响是相同的。然而，不同收入或不同消费水平的同伴会对个体产生异质性示范效应（Bertrand and Morse, 2016）。具体而言，个体间更大的经济距离或更为显著的特征差异往往预示着该同伴会对个体产生更小的影响（Bisin et al., 2006）。而传统模型的估计过程中并未反映出社交网络中个体之间特征差异所造成的影响。

受 Lee（2007）、Boucher（2016）的启发，本章通过引入个体间的经济特征差异识别家庭消费决策中同群效应可能的微观发生机制。相比 Boucher（2016）通过个体差异间的绝对值界定个体与同伴间的距离，本章将带有方向信息的直接差异引入模型中来分析同群效应，以区别群体中相较个体地位更高和更低的同伴所产生的异质作用。

其次，本章衡量了中国农村家庭消费决策中"顺势而为"与"自主行为"的构成比例，得到的参数相较传统模型而言更具有经济意义，直观反映个体消费行为受同伴行为影响的比例。以往文献研究同伴对消费决策的影响主要是集中在发达国家及基于经验消费品的支出选择上（De Giorgi et al.，2020；Grinblatt et al.，2008；Kuhn et al.，2011；Moretti，2011）。对于发展中国家和地区，Lewbel 等（2020）使用来自印度居民消费的微观数据证实了同群效应对刺激居民消费增长及改变消费效用的作用。宋泽和邹红（2021）利用中国城镇家庭数据解释了同群效应在中国居民消费水平分化现象中所起到的作用。然而，由于文化、社会和经济情况的差异，中国农村居民与城市居民和其他国家居民在行为特征和消费习惯上存在一定的差异。

不同于城镇地区邻里间交流较少及大部分发达国家的乡村地区存在的分散居住等现象，中国农村地区邻里间联系十分紧密，这在一定程度上保证了同村家庭消费行为的可观测性。而这一性质正是同群效应存在的重要前提（Banerjee，1992；Bernheim，1994；Ellison and Fudenberg，1995；Bénabou and Tirole，2006；Mas and Moretti，2009；Bursztyn et al.，2014）。Ling 等（2018）分析了同群效应对中国农村整体消费支出的影响，而本章选择了食品、衣着、人情往来和教育支出来区分隐形、中性及显性行为，阐明了同群效应的可能驱动机制。从国内已有文献来看，目前鲜有研究测度群体示范效应和自主选择对中国农村地区消费行为的影响。

本章研究的理论基础来自 Boucher（2016）的效用函数。同时，考虑到可能改变回归结果的特征差异等因素，本章将相关协变量加入空间自回归模型（Spatial Autoregressive Model，SAR），使用 CFPS 数据应用准极大似然估计（Quasi-maximum Likelihood Estimation，QMLE）估计该模型。结果表明，家庭消费行为中的同群效应所占比重在购买食品方面为 74.8%、在衣着消费方面为 61.3%、在人情往来方面为 44.5%、在教育支出方面为 32.6%。此外，忽略家庭与其同伴之间的特征差异，特别是收入水平的差异，可能导致同群效应被显著高估。

二 基于社会经济距离的群组模型及其机制识别

（一）理论模型

本章研究基于 Boucher（2016）的效用函数，测度个体消费决策受到同伴消费行为，或"顺势而为"这一心态的影响程度。其中，同伴的定义为与样本家庭住在同一村落中的其他家庭。效用函数表达式如下：

$$w_{ict}(y_{ict}) = \sum_{j \neq i} \left[Z_{ijct}\delta - \frac{\lambda}{2}(y_{ict} - y_{jct})^2 + \eta_{ijct} \right] - \frac{1}{2}(y_{ict} - X_{ict}\beta - \varepsilon_{ict})^2 \qquad (4-1)$$

式中：$\lambda \geq 0$，X_{ict} 为村落 c 中家庭 i 在时间 t 的个体特征；y_{ict} 为村落 c 中家庭 i 在时间 t 的消费行为；$Z_{ijct} = |X_{ict} - X_{jct}|$ 为家庭 i 与家庭 j 之间特征差异的绝对值，其中 X_{jct} 为村落 c 中家庭 j 在时间 t 时的个体特征；η_{ijct} 和 ε_{ict} 分别为未观测到的冲击。该效用函数体现了当个体家庭的消费决策 y_{ict} 与其自身属性（$X_{ict}\beta + \varepsilon_{ict}$）有所差异时，或者与其同伴的决策 y_{jct} 有所区别时，该家庭的消费效用会有所损失。

Manski（1993）指出，相似的人口特征可能会导致相似的决策方式，而这种关联情况往往会引发同群效应的有偏估计。对此，与第三章类似，本章所控制的个体特征包括家庭收入，家庭净财产，家庭住房价格，购房建房贷款，家庭规模，家庭主事者收入，家庭主事者的年龄、性别、受教育程度、职业、婚姻状况，家庭子女信息等（Abel, 1990；Bernheim, 1994；Grinblatt et al., 2008；Keys et al., 2016；Maturana and Nickerson, 2019；Moretti, 2011；Ouimet and Tate,2020;Lancaster et al.,2008)。

本章的效用函数在 Boucher（2016）的基础上有两个方面的创新。

首先，个体的特征属性在一定程度上代表了该个体在社交网络中所处的相对位置，而相对位置更高和更低的同伴对该个体所产生的同群效应的影响也会有所不同。因此，为体现这种相对位置可能造成的差异，本章将Z_{ijct}表示为家庭 i 与家庭 j 的直接特征差异而非差异的绝对值，即$X_{ict} - X_{jct}$。由此可以在模型中呈现不同方向特征差异所引起的效用变化。

其次，根据 Lerner 和 Malmendier（2013）的研究，个体的行为会受到群体中其他个体的相关行为或特征的影响，但对于内生和外生（环境）效应（exogenous contextual effects）的区分仍待进一步研究。本章引入个体与同伴的特征差异作为协变量来估计外生（环境）效应，体现了一个家庭的消费决策既基于同伴的消费行为又基于自身与同伴特征差异这一现实情况。除此之外，考虑特征差异还有助于识别同群效应的微观发生机制。

具体而言，本章在模型中加入平均差异$\bar{Z}_{ict}$，即$\bar{Z}_{ict} = \frac{1}{n_i}\sum_{j=1, j \neq i}^{n_i+1} Z_{ijct}$，其中，$n_i$为家庭 i 所拥有的同伴数量。换言之，本章用$X_{ict}\beta_1 + \bar{Z}_{ict}\beta_2$来替代原始效用函数中的$X_{ict}\beta$，以反映家庭 i 消费决策中的自主行为。该转换结合家庭 i 的自身情况（$X_{ict}\beta_1$）及其与同伴之间的平均特征差异（$\bar{Z}_{ict}\beta_2$）以体现家庭 i 在所在村落中的相对属性位置。

将上述效用函数求偏导后最大化：

$$\frac{\partial w_{ict}(y_{ict})}{\partial y_{ict}} = \sum_{j \neq i}[-\lambda(y_{ict} - y_{jct})]$$
$$-[y_{ict} - (X_{ict}\beta_1 + \bar{Z}_{ict}\beta_2) - \varepsilon_{ict}] = 0 \qquad (4-2)$$

即可得到以下理论模型：

$$y_{ict} = \frac{\lambda n_i}{1+\lambda n_i}\bar{y}_{-ict} + \frac{1}{1+\lambda n_i}(X_{ict}\beta_1 + \bar{Z}_{ict}\beta_2 + \varepsilon_{ict}) \quad (4-3)$$

式中：$\bar{y}_{-ict} = \frac{1}{n_i}\sum_{j=1,j\neq i y_{jct}}^{n_i+1}$。该模型意味着家庭 i 根据两类信息作出消费决策：同村落中同伴的平均消费决策（$\bar{y}_{-ict}$）及自身属性在村落中所处的相对位置（$X_{ict}\beta_1 + \bar{Z}_{ict}\beta_2 + \varepsilon_{ict}$）。这两类信息分别对应家庭消费行为的同群效应及自主行为，比重 $\frac{\lambda n_i}{1+\lambda n_i}$ 及 $\frac{1}{1+\lambda n_i}$ 是这两类信息在家庭 i 消费决策中分别所占的权重，权重总和为 1。

此外，同群个体之间消费行为的相关性也可能是由该群体共同面对的某些不可观测的因素产生的。现有的研究主要是通过在模型中引入共同因子从而控制可能导致变量表现出收敛性的未知因素来解决这类问题的（Cornelissen，2017；Ouimet and Tate，2020）。同村的家庭可能会受到一些共同因素的影响，譬如饮食结构的相似性有可能导致同村居民食品支出上的相关性，且这种影响随着个体的变化而发生改变，因此无法被时间效应完全反映。不同于 Boucher（2016）只考虑误差项中的个体效应 u_{ic}，本章模型按照 Lee 和 Yu（2010）的方法，扩展了空间滞后误差，以消除个体所面临的共同因素产生的影响。具体在本章模型中体现为

$$\varepsilon_{ict} = u_{ic} + \vartheta_{ict}, \quad \vartheta_{ict} = \rho\left(\frac{1}{n_i}\sum_{j=1,j\neq i}^{n_i+1}\vartheta_{jct}\right) + \zeta_{ict} \quad (4-4)$$

式中：u_{ic} 为个体效应，且 ζ_{ict} 为 i.i.d $(0, \sigma^2)$。

与 Boucher（2016）的做法类似，本章假设家庭 i 对两类信息的权重是不变的。因此，当 $\lambda^* = \frac{\lambda n_i}{1+\lambda n_i}$，$\beta_1^* = \frac{\beta_1}{1+\lambda n_i}$，$\beta_2^* = \frac{\beta_2}{1+\lambda n_i}$，且 $\varepsilon_{ict}^* = u_{ic}^* + \rho^*\left(\frac{1}{n_i}\sum_{j=1,j\neq i}^{n_i+1}\vartheta_{jct}\right) + \zeta_{ict}^*$，其中 $u_{ic}^* = \frac{u_{ic}}{1+\lambda n_i}$，$\rho^* = \frac{\rho}{1+\lambda n_i}$，

$\zeta_{ict}^* = \dfrac{\zeta_{ict}}{1+\lambda n_i}$ 时，本章可以得到以下估计模型：

$$y_{ict} = \lambda^* \bar{y}_{-ict} + (X_{ict}\beta_1^* + \bar{Z}_{ict}\beta_2^*) + \varepsilon_{ict}^* \qquad (4-5)$$

由此，同群效应的权重，或者说"顺势而为"心态在消费决策中所占的比重，可以通过对 λ^* 的估计进行检验，而 β_2^* 为家庭与同伴特征差异的影响系数。

Boucher (2016) 通过 $\dfrac{\lambda}{1+\lambda n_i}$ 检验单个同伴的边际效应。所谓单个同伴的边际效用是在其他同伴状态不变的情况下，单个同伴支出增加的边际影响。鉴于此，单个同伴的边际效应在本章中表示为 $\dfrac{\lambda^*}{n_i}$。该设定遵循了同伴的行为对个体的影响会随着该个体拥有的同伴总数的上升而增加，且单个同伴的边际效应随着同伴总数的上升而减少这一现实情况。

式（4-5）等价于

$$Y_{ct} = \lambda^* W_{ct} Y_{ct} + (X_{ct}\beta_1^* + \bar{Z}_{ct}\beta_2^*) + u_c^* + \vartheta_{ct} \qquad (4-6)$$

$$\vartheta_{ct} = \rho^* W_{ct} \vartheta_{ct} + \zeta_{ct}^* \qquad (4-7)$$

式中：$Y_{ct} = (y_{1t}, y_{2t}, \cdots, y_{(n_i+1)t})'$ 为 t 时间家庭消费行为的 $(n_i+1) \times 1$ 的向量；向量 $u_c^* = (u_1^*, u_2^*, \cdots, u_{n_i+1}^*)'$ 为个体效应；$\zeta_{ct}^* = (\zeta_{1t}^*, \zeta_{2t}^*, \cdots, \zeta_{(n_i+1)t}^*)'$ 为扰动项；W_{ct} 为对角线元素为 0、其他元素为 $\dfrac{1}{n_i}$ 的空间权重矩阵；X_{ct} 和 $\bar{Z}_{ct}$ 分别为体现个体家庭的特征属性和特征差异的矩阵，其具体表达式如下：

$$X_{ct} = \begin{bmatrix} X_{1t,1} & \cdots & X_{1t,k} \\ \vdots & \ddots & \vdots \\ X_{(n_i+1)t,1} & \cdots & X_{(n_i+1)t,k} \end{bmatrix}, \bar{Z}_{ct} = \begin{bmatrix} \bar{Z}_{1t,1} & \cdots & \bar{Z}_{1t,k} \\ \vdots & \ddots & \vdots \\ \bar{Z}_{(n_i+1)t,1} & \cdots & \bar{Z}_{(n_i+1)t,k} \end{bmatrix}$$

$$(4-8)$$

式中：k 为不同的特征分类。模型（4-6）等价于 Lee 和 Yu（2010）中所介绍的含有空间滞后误差的 SAR 面板数据模型。该模型中社会互动效应的准确识别基于以下两个前提：第一，足够大的群组规模变化；第二，群组数量远大于每个群组内的个体数量。本章所选取的研究样本满足上述条件。本章通过 QMLE 来估计模型（4-6），该估计方法相较 IV 估计更具渐进有效性（Lee et al., 2010；Lee and Yu, 2010）。

本章所构建的社会网络信息包含哪些家庭为同伴及同伴与个体家庭之间的特征差异，如空间权重矩阵所示，在地理上属于同一村庄的家庭被认为属于同一群体。此外，特征的差异（$\bar{Z}_{ct}$）是由家庭和同伴之间的平均经济差异产生的。本章构建社会网络的描述性统计如表 4-1 所示。

表 4-1　　　　　　　　　社会网络的描述性统计

支出类别	样本量	群组个数	群组规模均值	链接均值
食品	13160	732	20.0	19.0
衣着	13160	732	20.0	19.0
人情	7527	686	17.0	16.0
教育	10528	725	16.6	15.6

注：食品、衣着和教育支出样本来自 2010 年、2012 年、2014 年和 2016 年 CFPS 调查数据，人情支出样本来自 2010 年、2014 年和 2016 年 CFPS 调查数据。

（二）内生性问题

对于样本自选择这一内生性问题，如第三章所述，由于中国众所周知的户口制度和农村宅基地相关政策，选择中国农村家庭作为研究样本可以很好地缓解或规避个体的自我选择问题［如 Li 等（2013）］。此外，本章模型包含对于居民消费中自主行为比重的估计，同时识别了个体家庭的社会特征和同伴消费行为所造成的影响，可以视为此类样本自我选择问题的部分解决途径。

对于相关效应所带来的内生性问题，如理论模型中所介绍的：本章首先引入个体与同伴的特征差异作为协变量来估计外生（环境）效应，体现了一个家庭的消费决策既基于同伴的消费行为又基于自身与同伴特征差异这一现实情况。其次，本章的理论模型扩展了 SAR 模型中空间滞后误差，以进一步消除个体所面临的共同因素产生的影响。

对于反射问题，或者说联立性偏差所引致的内生性问题，不同于大部分研究所采用的 IV 估计方法这一解决方案，在研究样本满足了足够大的群组规模变化及群组数量远大于每个群组内的个体数量两个条件的情况下，本章使用更具渐进有效性的 QMLE 来估计模型（4-6），以解决这一内生性问题。

三 样本和数据

本章使用了 CFPS 中农村家庭信息中四类消费行为的数据。与第三章一样，考虑到数据的可得性，食品、衣着和教育支出样本来自 2010 年、2012 年、2014 年和 2016 四年调查数据，而由于人情变量在 2012 年的缺失，其样本仅来自 2010 年、2014 年、2016 年的调查数据。不同的是，由于本章涉及含有空间滞后误差的 SAR 面板数据模型，所使用数据为平衡面板数据，样本容量相比第三章有所下降。

通过匹配家庭编号与个人编号，本章合并 CFPS 中家庭问卷与成人问卷后得到家庭金融、主事者个人情况、子女情况的统计信息。变量定义见表 4-2。

表4-2　　　　　　　　　　变量定义

变量		定义
被解释变量	y_{ict}	消费支出（平减后取对数）
解释变量（同群效应）	$\bar{y}_{-ict}$	同伴平均消费支出（平减后取对数）
家庭层面协变量（X_{ict}）	Fmc	家庭纯收入（平减后取对数）
	$Tast$	家庭净资产（平减后取对数）
	$Resv$	家庭住房的市场价值（平减后取对数）
	Mtg	家庭购房建房贷款支出（平减后取对数）
	Fsz	家庭规模
	Lqk	主事者收入（平减后取对数）
	Agr	主事者职业
	Age	主事者年龄
	Gd	主事者性别
	Edu	主事者受教育程度
	Mrg	主事者婚姻状态
	Noc	家中子女的数量
	Lic	家中同住子女的数量
	Boy	家中同住子女中男孩的比例
	Bfe	子女中学龄前儿童人数
	Cpm	子女中义务教育学生人数
	Hig	子女中高中学生人数
	Don	子女中大学毕业人数

除了控制家庭收入、资产、住宅市场价值、购房建房贷款情况等会影响可支配收入的相关变量，本章研究在回归中通过控制家庭主事者的年龄、性别、受教育程度及职业来解决因相似的人口特征而导致的估计偏误。由于子女当前的教育水平、个数及性别都将会影响该家庭的教育资源的分配，教育支出也被纳入控制变量之中。

表4-3、表4-4和表4-5分别列出了不同消费类别的平衡面板数据中相关变量（按农村地区相关CPI平减后取对数）的描述性

统计。综合四种消费行为来看，农村居民平均在食品上花费最高，其次是人情和衣着，在这三类消费中，居民之间的消费水平差异较小，尤其是偏隐性的食品消费，作为最重要的日常生活开支之一，食品支出的均值在四类消费类别中最大，且个体间消费水平的差异最小。而教育支出均值最低的情况下却拥有最大的标准差。这表明，中国农村地区居民在教育开支上的消费水平相比其余三类消费较小，且个体间差异很大。

表4-3　　　　　　食品支出和衣着支出样本描述性统计

变量	样本量	均值	标准差	最小值	最大值
食品支出中y_{ict}	13160	3.76	0.523	0	5.30
衣着支出中y_{ict}	13160	2.66	0.938	0	4.54
Fmc	13160	4.27	0.542	0.781	5.91
Tast	13160	11.2	3.39	-14.1	17.7
Resv	13160	4.50	1.23	0	6.90
Mtg	13160	0.0849	0.531	0	5.94
Lqk	13160	1.80	1.90	0	5.89
Fsz	13160	4.09	1.84	1	15
Agr	13160	0.671	0.471	0	1
Age	13160	51.7	11.6	16	89
Gd	13160	0.761	0.422	0	1
Edu	13160	2.27	1.22	1	9
Mrg	13160	2.17	0.740	1	5

注：食品支出和衣着支出分别以2009年为基期，通过农村居民衣着消费价格指数和农村居民食品消费价格指数进行平减。食品支出和衣着支出是同一组面板数据，故在同一张表格中报告。

表4-4　　　　　　　　人情支出样本描述性统计

变量	样本量	均值	标准差	最小值	最大值
y_{ict}	7527	3.13	0.621	0	5.06

续表

变量	样本量	均值	标准差	最小值	最大值
Fmc	7527	4.31	0.522	0.78	5.91
$Tast$	7527	11.3	3.48	−14.1	17.7
$Resv$	7527	4.56	1.22	0	6.70
Mtg	7527	0.0902	0.552	0	5.45
Lqk	7527	1.86	1.89	0	5.89
Fsz	7527	4.14	1.79	1	15
Agr	7527	0.631	0.480	0	1
Age	7527	51.1	11.2	18	89
Gd	7527	0.742	0.440	0	1
Edu	7527	2.33	1.23	1	9
Mrg	7527	2.14	0.671	1	5

注：人情支出以2009年为基期，通过农村居民消费价格指数进行平减。

表4-5　　　　　　　　教育支出样本描述性统计

变量	样本量	均值	标准差	最小值	最大值
y_{ict}	10528	2.01	1.72	0	4.96
Fmc	10528	4.35	0.501	0.78	5.91
$Tast$	10528	11.3	3.45	−14.1	17.7
$Resv$	10528	4.61	1.12	0	6.88
Mtg	10528	0.0901	0.561	0	5.94
Lqk	10528	1.84	1.94	0	5.89
Fsz	10528	4.52	1.70	1	15
Noc	10528	1.83	0.880	0	9
Lic	10528	1.45	0.862	0	9
Boy	10528	0.721	0.542	0	5
Bfe	10528	0.122	0.381	0	4
Cpm	10528	0.350	0.651	0	5
Hig	10528	0.181	0.432	0	4
Don	10528	0.193	0.480	0	4

续表

变量	样本量	均值	标准差	最小值	最大值
Agr	10528	0.670	0.471	0	1
Age	10528	49.3	10.5	20	89
Gd	10528	0.762	0.432	0	1
Edu	10528	2.34	1.19	1	9
Mrg	10528	2.15	0.651	1	5

注：教育支出以 2009 年为基期，通过农村居民教育消费价格指数进行平减。

四 同群效应及其贡献度

（一）"顺势而为"与"自主行为"

中国农村的食品、衣着、人情和教育消费的同群效应估计结果见表 4-6。"顺势而为"心态或者同群效应在消费行为中的比例为 $\dfrac{\lambda^*}{n_i}$，而"自主行为"通过 $X_{ict}\beta_1^* + \overline{Z}_{ict}\beta_2^*$ 反映，其比重为 $1 - \lambda^*$。

表 4-6　　　　　中国农村地区消费行为的同群效应估计

	食品	衣着	人情	教育
控制个体特征差异	0.748*** (0.0350)	0.613*** (0.0406)	0.445*** (0.0521)	0.326*** (0.0519)
忽略个体特征差异	0.784*** (0.0335)	0.739*** (0.0362)	0.510*** (0.0492)	0.359*** (0.0503)

注：***表示在 1% 的水平上显著，括号内为稳健标准误。为了方便对比不同消费类型的同群效应及是否控制个体差异对系数的影响，本表格仅报告同群效应的估计系数。

如表 4-6 所示，同群效应对家庭消费行为的影响权重为食品支出 74.8%，衣着支出 61.3%，人情支出 44.5%，教育支出 32.6%。同时，在不考虑个体与其同伴间的特征差异的情况下，同群效应可能会被显著高估，特别是在衣着支出和人情支出方面。

本章在控制个体特征差异后得到的同群效应的估计系数为

0.33—0.75。这一结果略高于 Ling 等（2018）在考虑不同收入水平的个人和同伴后得到的 0.18—0.73 的估值区间。本章研究所得到的估计系数略高的原因可能在于本章所讨论的消费行为相较总体消费行为更为显性且具有社会属性，这将使同群效应的作用程度更为明显。

与本章相比，第三章中通过传统视角估计的系数可能高估了食品支出的同群效应，而低估了衣着支出的同群效应。虽然关于人情支出的估计结果相对类似，但对于教育支出而言，使用传统的估计模型所得到的系数是 0.0701 且不显著，而用网络结构模型所得到的系数是 0.326 且具有统计显著性。由此可见，相较传统估计模型，本章基于社会经济距离的估计模型可以得到更为准确的同群效应估计系数。

单个同伴的消费决策对个体消费行为的边际效应取决于个体在群体中的互动程度，其大小将随着群组中个体数目的增加而减少。如图 4-1 所示，当村落中家庭数目超过 40 个时，单个同伴在衣着支出上的消费决策所产生的边际效应较为有限。其他三类消费中边际效应的模式与之类似，见本章附录的附图 4-1 至附图 4-3。

在本书所讨论的四类消费行为中，对于日常生活开销，如食品支出与衣着支出，农村家庭消费往往更多受到同群效应所带来的示范作用的影响，而不是考虑自身的情况特征。

首先，食品支出中同群效应对决策的影响比重的 95% 置信区间为 68.0%—81.7%。作为四类消费中受到同群效应最高限度的影响却有着最为隐性的消费性质的决策行为，食品支出中所体现的"知识外溢"与"风险分担"机制比"同伴压力"机制更为有效地解释了同群效应的作用原理。

其次，同群效应可以解释家庭衣着支出 61.3% 的变化，其 95%

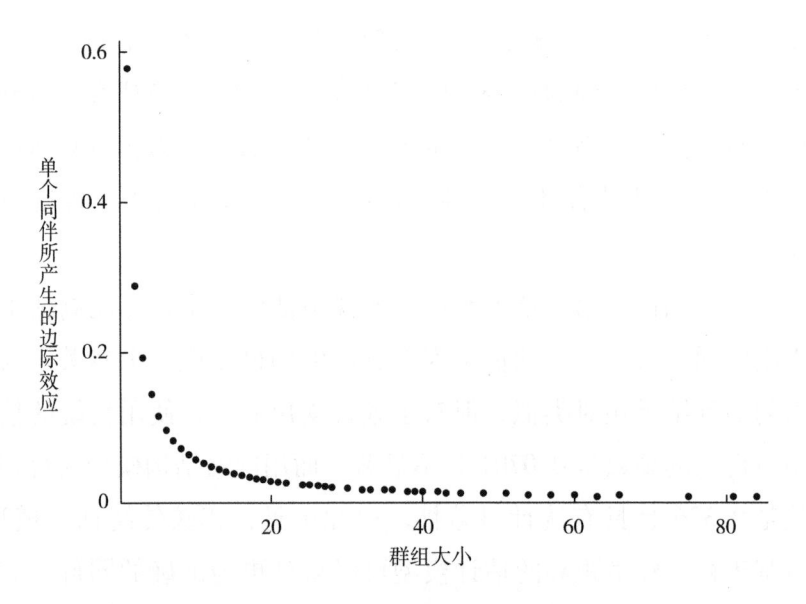

图 4-1　不同群组中单个同伴衣着支出的边际效应

置信区间为 53.4%—69.3%。中国农村居民在衣着消费决策中，更多考虑到同伴的消费行为而非自身的个体情况。一方面，该结论佐证了中国农村地区消费升级的整体趋势，早年间"节衣缩食"的消费情况早已不复存在，对于衣着支出的选择，中国农村居民的消费水平已逐步发展到在较大程度上不受收入等诸多自身特征制约的水平；另一方面，作为显性支出行为，其中同群效应所体现的示范作用是进一步发挥消费主引擎作用、加快构建双循环新格局的关键节点，充分发挥示范效应在农村地区消费升级中的需求牵引作用，有助于加快促进形成国内大市场。

中国农村居民教育与人情往来消费行为中，"自主选择"的心态相较"顺势而为"的心态更为显著地影响到家庭决策。

对于人情支出：作为具有较强社交属性的消费行为，人情支出中示范作用的影响程度（44.5%）略小于居民对自身情况考量的作用程度（55.5%）。其中可能的原因是在一次社交活动中，是否存在人情往来的支出在更大程度上取决于同伴的行为，而具体支出所花费的数额在更大程度上取决于该家庭自身的情况特征。譬如，在某一特定场景中，中国农村居民可能会通过身边人是否送出礼金而决定自己是否送出礼金，进而通过自身收入水平等相关特征的综合考量来决定送出礼金的具体金额。

对于教育支出：发展教育事业是中国科教兴国战略的内在要求，但中国教育的发展受限于多重因素。虽然中国城乡差距进一步缩小，户籍界限也在逐渐淡化，但该差距对居民教育消费的影响依然存在。除了收入水平及受教育程度等，家庭消费观念对中国教育公平也具有深远的影响。研究教育支出中的同群效应，对发挥示范作用以改变家庭消费观念的影响不言而喻。教育支出中同群效应所起到的影响及示范作用是本章所关注的四类支出中最低的，其95%置信区间仅为22.4%—42.8%。这一结论一方面证实了应充分发挥示范作用，拉动教育消费，另一方面表明了解决农村教育供给的相对结构性稀缺可以在更大程度上激活消费市场。

（二）个体特征差异

表4-7、表4-8、表4-9和表4-10分别报告了各类消费行为样本，在控制个体特征（X_{ct}）和特征差异（$\bar{Z}_{ct}$）时的估计结果，即表中报告了β_1^*和β_2^*的估计系数。如表4-7至表4-10所示，在本章研究所控制的个体因素中，有一部分的特征差异对个体家庭所受到同群效应的作用程度具有显著影响。综合来看，收入水平的差异对四类消费行为皆具有显著影响。将个体与其同伴的收入差距加入模型综合考量对准确测度同群效应在个体消费行为中的所占比重

至关重要。同时，该特征差异对示范作用产生的影响在各类消费行为中存在异质体现。

表 4-7　　　　个体特征与特征差异的影响（食品支出）

变量	个体特征（X_{ct}）	特征差异（$\bar{Z}_{ct}$）
Tast	0.00489*** (0.00157)	-0.0423* (0.0247)
Fsz	0.0262*** (0.00489)	-0.197*** (0.0622)
Age	-0.00467*** (0.000902)	-0.0156 (0.0107)
Gd	0.0495*** (0.0151)	0.206 (0.194)
Mrg	-0.0122 (0.0126)	0.119 (0.192)
Agr	-0.00485 (0.0117)	0.466*** (0.120)
Edu	0.00435 (0.00503)	-0.0432 (0.0508)
Fmc	0.130*** (0.0107)	0.442*** (0.134)
Resv	0.00585 (0.00460)	-0.0478 (0.0625)
Lqk	-0.0112*** (0.00300)	-0.138*** (0.0342)
Mtg	0.0126 (0.00882)	-0.382*** (0.129)
ρ^*		0.440*** (0.00314)

注：***、*分别表示在1%、10%的水平上显著，括号内为稳健标准误。

表4-8　　　　　　个体特征与特征差异的影响（衣着支出）

变量	个体特征（X_{ct}）	特征差异（$\bar{Z}_{ct}$）
Tast	0.00556 ** (0.00253)	-0.112 *** (0.0398)
Fsz	0.0728 *** (0.00788)	-0.368 *** (0.100)
Age	-0.00649 *** (0.00145)	0.0307 * (0.0172)
Gd	-0.0258 (0.0243)	-0.943 *** (0.314)
Mrg	-0.00196 (0.0203)	-0.507 (0.309)
Agr	0.0471 ** (0.0188)	0.650 *** (0.193)
Edu	0.0163 ** (0.00810)	0.0670 (0.0818)
Fmc	0.167 *** (0.0173)	0.681 *** (0.216)
Resv	0.00860 (0.00740)	0.0759 (0.101)
Lqk	-0.00940 * (0.00484)	-0.390 *** (0.0555)
Mtg	-0.00322 (0.0142)	0.215 (0.207)
ρ^*		0.708 *** (0.00505)

注：***、**、*分别表示在1%、5%、10%的水平上显著，括号内为稳健标准误。

表4-9　　　　　　个体特征与特征差异的影响（人情支出）

变量	个体特征（X_{ct}）	特征差异（$\bar{Z}_{ct}$）
Tast	0.0000516 (0.00229)	-0.0139 (0.0293)

续表

变量	个体特征（X_{ct}）	特征差异（$\bar{Z}_{ct}$）
Fsz	0.00339 (0.00721)	-0.0135 (0.0859)
Age	-0.00138 (0.00147)	0.0141 (0.0144)
Gd	-0.0112 (0.0247)	-0.177 (0.264)
Mrg	-0.0432** (0.0207)	-0.410 (0.261)
Agr	0.0270 (0.0189)	0.0626 (0.176)
Edu	0.00931 (0.00745)	0.151** (0.0762)
Fmc	0.120*** (0.0169)	0.105 (0.179)
Resv	0.0161** (0.00692)	0.0283 (0.0789)
Lqk	-0.0110** (0.00478)	-0.178*** (0.0459)
Mtg	0.0216* (0.0130)	0.149 (0.161)
ρ^{*}		0.483*** (0.00483)

注：***、**、*分别表示在1%、5%、10%的水平上显著，括号内为稳健标准误。

表4-10　　　　个体特征与特征差异的影响（教育支出）

变量	个体特征（X_{ct}）	特征差异（$\bar{Z}_{ct}$）
Tast	0.00826* (0.00484)	-0.109 (0.0703)
Fsz	0.170*** (0.0197)	0.153 (0.272)
Age	-0.00325 (0.00356)	0.0187 (0.0391)

续表

变量	个体特征（X_{ct}）	特征差异（$\overline{Z}_{ct}$）
Gd	0.0346 (0.0472)	-0.654 (0.575)
Mrg	-0.00400 (0.0449)	-1.833*** (0.614)
Agr	-0.0591 (0.0370)	0.172 (0.383)
Edu	0.0211 (0.0164)	0.253 (0.162)
Fmc	-0.0775** (0.0337)	0.838** (0.397)
$Resv$	0.00120 (0.0156)	0.183 (0.202)
Lqk	-2.05e-05 (0.00961)	-0.152 (0.108)
Mtg	0.0205 (0.0266)	-0.892** (0.371)
Noc	0.0137 (0.0276)	0.124 (0.347)
Lic	0.187*** (0.0386)	-0.628 (0.550)
Boy	-3.38×10^{-9} (3.39×10^{-9})	-1.04×10^{-7}** (5.03×10^{-8})
Bfe	-0.146** (0.0683)	0.0509 (0.843)
Cpm	0.105** (0.0443)	-0.973* (0.542)
Hig	0.153*** (0.0440)	-0.435 (0.628)
Don	-0.530*** (0.0599)	0.838 (0.841)
ρ^*		1.233*** (0.00982)

注：***、**、*分别表示在1%、5%、10%的水平上显著，括号内为稳健标准误。

就各消费类型而言：

（1）对于食品支出，当家庭参考身边同伴的消费决策时，自身与同伴间收入水平、家庭净资产、家庭规模上的差异会影响同伴消费决策的参考价值。个体家庭所面临的房贷对消费决策的影响具有统计显著性；同时，与衣着消费类似，作为日常生活开支，家庭规模与该家庭是否从事农业生产相关职业在一定程度上决定了该家庭在食品与衣着上的基础开销。

（2）对于衣着支出，如表4-7所示，除了上述特征差异，自身与其同伴在家庭主事者的年龄与性别上的差异也会影响同伴决策对该家庭的借鉴价值。这两种特征上的差异一定程度上造成了主事者在衣着审美和重视程度上的区别，从而可能对家庭衣着消费决策有所影响。因此，农村地区家庭主事者的个体与同伴的特征差异会在某种意义上改变其同伴消费行为的参考价值。

（3）家庭主事者的受教育程度上的差异显著影响该家庭在借鉴人情消费决策上的倾向性。在中国农村地区，主事者受教育程度可能与其社会地位呈现一定的关联性，不同社会地位往往会引发社交场景中的异质性支出。家庭人情消费中受教育程度差异的显著影响佐证了这种消费行为所体现的社会属性。

（4）如表4-10所示，主事者会在借鉴邻居的教育支出情况时，考虑自身与其经济状况的差异，同时婚姻状况的区别也是影响该邻居消费决策所拥有的参考价值的考量标准之一。值得注意的是，尽管自家子女中男孩所占的比例与村里其他家庭的男孩比例相较而言所处的相对位置对教育消费决策在统计学意义上有显著影响，但该家庭子女的性别并不会显著改变该家庭的教育支出。由此可见，中国农村居民有可能不像早前那样在子女的教育投资上表现出性别歧视。

五　稳健性考虑

本章通过以下两种方法对回归结果进行检验，确定了研究结果的稳健性。

1. 控制地理位置

村庄的地理位置可能会影响同一村庄中不同家庭之间的交流频率与亲密程度。譬如，位于平原和渔区的村庄更有可能相互影响，由于其生活环境相对更为密集，家庭之间的沟通更为便利。然而，由更为分散的居住密度导致的沟通便利性下降，致使位于这些地区之外的村落可能对彼此的影响相对更小。由此，本节在模型（4-6）中增加了一个虚拟变量（$concentrate$），以表示村庄的地理位置。具体而言，如果村庄的地理位置处在平原或渔区，则这个变量取值为1，反之为0。回归结果见本章附表4-1。总体而言，结果与本章的实证模型估计结果相似，同伴的行为对四类消费都有统计学上的显著影响。然而，教育支出与衣着支出中同群效应的系数略低于本章前文实证结果。

2. 细化资产/负债状况

家庭资产和家庭负债是影响消费支出的重要因素。在本章的第二种稳健性检验中，控制变量中的家庭净资产变量"$Tast$"被拆分成两个变量，即资产"Ass"和负债"Dbt"，同时控制家庭资产和负债对消费的影响。如果$Tast \geq 0$，则$Ass = Tast$；否则$Ass = 0$。如果$Tast < 0$，则$Dbt = abs(Tast)$；否则$Dbt = 0$。结果列于本章附表4-2。稳健性检验结果证实了同群效应对四类消费决策的影响都具有统计显著性，与实证结果相比，稳健性检验的结果中同群效应的系数略小。

六 结论及启示

本章结合个体的特质因素及其与同伴之间的个体特征差异,基于个体家庭在群组内消费抉择的效用函数,优化得到居民家庭消费选择的行为方程。基于该行为方程,测度了居民决策中"自主行为"和"顺势而为"两种作用机制的贡献比例,不但提供了更具经济意义的估计参数,同时也揭示了农村居民消费选择中同群效应的微观发生机制。

研究结果表明,家庭消费中的顺应性倾向在购买食品方面为74.8%、衣着消费为61.3%、人情消费为44.5%、教育支出为32.6%。对于日常必需品的支出,如食品和衣着,相对于自身情况,同伴消费决策所带来的同群效应是决定家庭消费行为更重要的因素;而对于人情支出与教育支出,中国农村家庭在作出消费决策时在更大程度上会受到"自主行为"作用机制的影响,而非"顺势而为"。

如果不考虑家庭与同伴之间个体特征所存在的差异,同群效应可能会被显著高估,尤其是对于衣着支出及人情支出。对于所有消费类型而言,单个同伴的边际效应取决于群体的大小,随着群体中个体数量的增加而减少。如果同伴数量超过40,单个同伴的边际效应就可以忽略不计。

此外,在个体特征区别所造成的影响中,对于收入水平差异的权衡显著改变了农村家庭对于身边同伴消费决策的借鉴情况。在不同类型消费决策中的同群示范作用下,个体对于不同特征差异的考量会呈现不同的影响程度。例如,当参考邻居的日常生活开销时,中国农村家庭更倾向考虑自身与邻居家庭规模和主事者职业的区别;对于社会活动相关的支出,则更关注自身与邻居在社会地位上的差异。

附录　其他实证结果

本章的其他实证结果包括控制地理位置下的同群效应（附表 4-1）、更换测度指标下的同群效应（附表 4-2）、不同群组中单个同伴食品支出的边际效应（附图 4-1）、不同群组中单个同伴人情支出的边际效应（附图 4-2）、不同群组中单个同伴教育支出的边际效应（附图 4-3）。

附表 4-1　　　　控制地理位置下的同群效应

支出类型	SAR	有同群特征的 SAR	样本量
食品支出	0.783 *** (0.0335)	0.748 *** (0.0350)	13160
衣着支出	0.736 *** (0.0363)	0.611 *** (0.0407)	13160
人情支出	0.510 *** (0.0492)	0.445 *** (0.0521)	7572
教育支出	0.325 *** (0.0901)	0.258 *** (0.0935)	10528

注：*** 表示在 1% 的水平上显著，括号内为稳健标准误。

附表 4-2　　　　更换测度指标下的同群效应

变量	SAR	有同群特征的 SAR	样本量
食品支出	0.777 *** (0.0337)	0.744 *** (0.0351)	13160
衣着支出	0.715 *** (0.0369)	0.598 *** (0.0410)	13160
人情支出	0.496 *** (0.0494)	0.440 *** (0.0521)	7572
教育支出	0.358 *** (0.0503)	0.324 *** (0.0519)	10528

注：*** 表示在 1% 的水平上显著，括号内为稳健标准误。

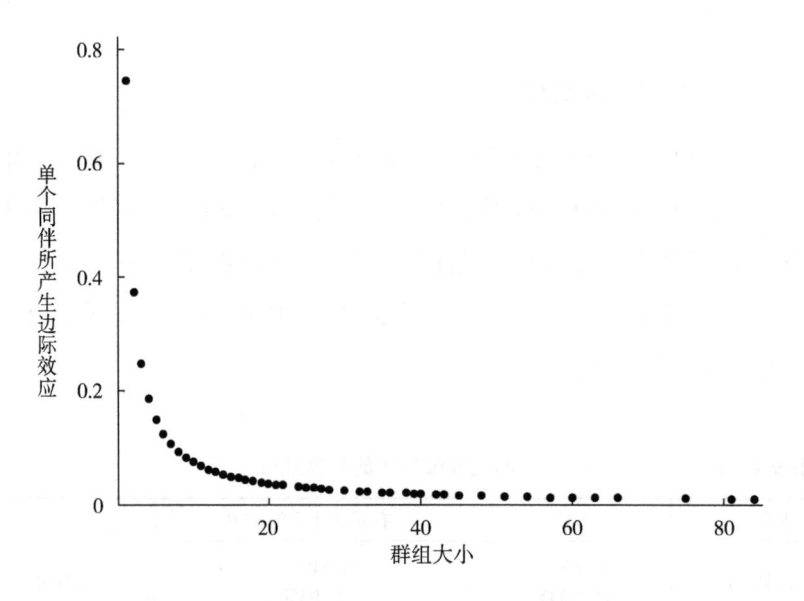

附图4-1　不同群组中单个同伴食品支出的边际效应

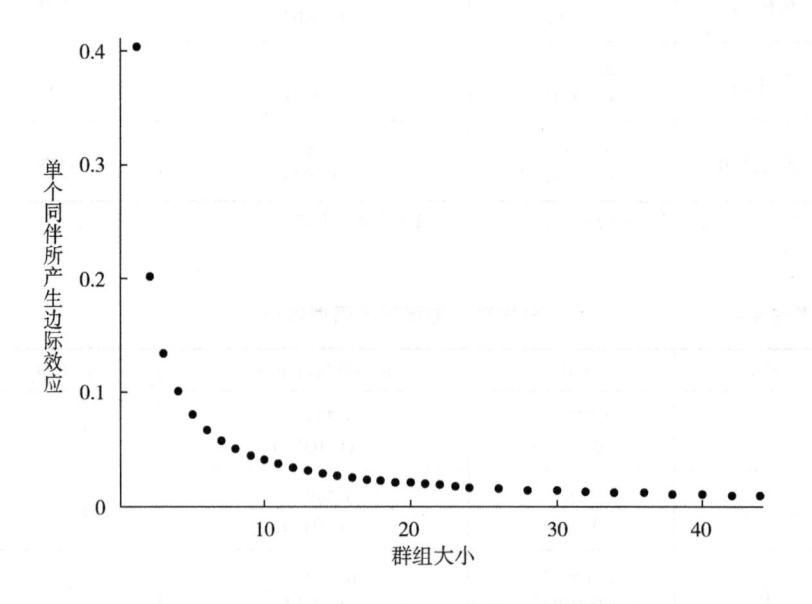

附图4-2　不同群组中单个同伴人情支出的边际效应

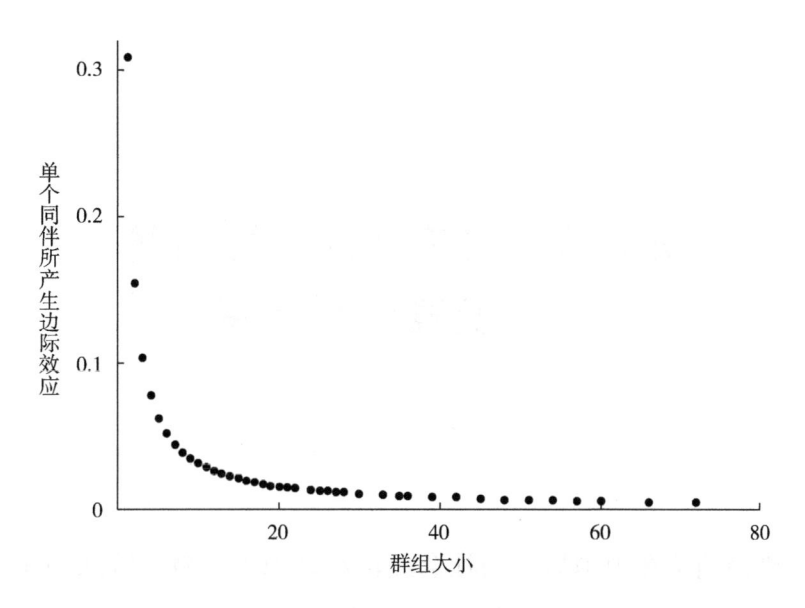

附图 4-3　不同群组中单个同伴教育支出的边际效应

第五章　社交—成瘾性消费及其偏好迁移

烟酒消费在中国居民的社会经济活动中扮演极为特殊的角色。在导致个体生理和心理成瘾的同时，烟酒作为社交媒介，还形成了社会群体的依赖性，并作为社交"符号"影响社会意识和社会认知。那么，随着经济发展和收入水平的提高，居民对烟酒的偏好有什么样的变化？这种社交—成瘾性消费行为有怎样的社会经济效应？对社会意识和社会认知又有怎样的影响？本章构建了交互效应非线性面板 SVAR 系统，测度以烟酒消费为代表的社交—成瘾性消费的偏好变迁、显性收入效应和隐性社会成本。

一　问题的提出

与普通消费和其他成瘾性消费不同，烟酒消费具有个体成瘾和群体成瘾的双重特性。一方面，生理和心理上的依赖使烟酒消费具有个体成瘾性。烟酒成分中含有尼古丁、酒精等对神经产生麻痹和刺激作用的物质，长期吸食会使人产生生理上的依赖。同时，烟酒消费行为可以缓解紧张情绪和生活压力，让人产生心理上的依赖。另一方面，与一般成瘾性消费不同，烟酒消费因风俗习惯、社会交往而具有群体成瘾性。在社会交往中,烟酒通常作为交际媒介,具有群体消费的特征,进而引发群体成瘾的多米诺骨牌效应(Sloan et al.,2002)。在中国社会经济活动中,烟酒作为社交媒介的角色更为明显。

烟酒消费的双重成瘾特征,使其兼具收入效应和健康损耗效应,对社会经济的运行具有重要的影响。

一方面,群体的社交性消费可以维持或强化社交网络,从而可能带来收入的提高,即收入效应。但关于烟酒对收入的影响,相关研究结论不一。Levine 等(1997)发现,美国吸烟者比不吸烟者收入低 4%—8%。在加拿大,Lokshin 和 Beegle(2006)、Heineck 和 Schwarze(2003)也有类似的发现。Auld(2005)发现,在澳大利亚,与不饮酒的人相比,适量饮酒的人工资高出 10%,过量饮酒的人工资则高出 12%。French 和 Zarkin(1995)、Heien(1996)也发现,适量饮酒有助于提升收入。尹志超和甘犁(2010)的研究表明,饮酒对收入增长具有显著的正向影响,而吸烟对收入增长的作用不明显。

另一方面,过度吸烟、酗酒使身体患各种慢性疾病的概率大增,增加了社会健康支出,存在健康损耗效应。过度吸烟、酗酒等不健康消费行为是慢性病发生发展的主要原因。Baum – Baicher(1985)、Shaper 等(1988)发现,饮酒与死亡风险之间呈"U"形关系。Kristein(1983)的研究表明,以 1980 年不变价计,每个烟民每年的保健支出为 204 美元。Hodgson(1992)估计平均每个烟民终身医疗保障支出的贴限值为 6239 美元。杨功焕和胡鞍钢(2011)的研究显示,中国居民吸烟的直接医疗成本在 2011 年已经高达 1660 亿元。

对于成瘾性消费的行为特征,现有文献有不同的解释。Becker

和 Murphy（1988）最早对成瘾性消费进行研究，并提出理性成瘾理论。该理论认为，在时间偏好一致的前提下，消费者进行成瘾性消费是在对这种消费所带来的"快感"和"风险"进行权衡之后，作出的使自身效用最大化的选择，即消费者是理性成瘾的。之后，很多学者利用理性成瘾理论分析烟酒的成瘾性消费。如 Becker 等（1990）研究发现，烟草的长期价格弹性为 -0.75，强于其短期价格弹性 -0.4，且永久性的价格变动比临时调价对消费的影响要大很多。其结论也得到了 Chaloupka（1991）、Becker 等（1991）研究的支持。但是，Bask 和 Melkersson（2004）的研究发现，酒的消费具有成瘾性特征，而烟的消费不具有这种特征，且酒比烟的需求价格弹性更大。

与理性成瘾理论不同，Orphanides 和 Zervos（1995）、Akerlof（1991）、Tomer（2001）等认为，成瘾者在进行成瘾性消费时其实是短视的，成瘾者会因自身知识的局限或信息不对称而缺乏对成瘾性消费危害的认识。成瘾者也有可能在极度上瘾的情况下根本不具备理智和能力来预知这种消费的长期影响，因而这种消费是短视的，但消费成瘾并非理性。

国内对成瘾性消费的研究较少。高松等（2010）利用 CHNS 数据进行研究，发现烟草消费在不同经济地位、年龄和性别子群体间的价格弹性不一。刘晓鸥、孙圣民（2012）通过对碳酸饮料的过度消费行为进行研究，得出了消费者对成瘾性商品的消费价格弹性非常低的结论。

上述研究由于国别和消费对象及成瘾性品种的差异，得出的结论也有较大差别。但是这些研究都忽略了一个共同问题：消费者会因社交需要而群体成瘾，且整体社会意识和社会认知等外部环境因素也会对成瘾性消费产生影响。

中国幅员辽阔，不同区域经济发展差异大，且不同地区风俗、社交文化等也有较大差异。那么，中国居民对烟酒的消费究竟是个体成瘾性还是群体成瘾性占主导地位呢？消费偏好具有怎样的特征？又具有怎样的社会经济效应？社会意识、社会认知及相关制度等外部环境因素是否在鼓励这种消费偏好？这正是本章尝试回答的问题。

本章对现有研究做了以下扩展：①在模型中引入社交行为，以识别烟酒消费的个体成瘾性和群体成瘾性；②引入非线性转换机制，分析中国居民烟酒消费的偏好迁移和成瘾性消费特征；③定量测度烟酒社交性消费的贡献和社会经济效应，探究居民成瘾的经济动机；④引入交互效应，测度不可观测的社会环境因素对成瘾性消费的影响及其动态趋势，并为中国成瘾品管控政策提供参考。

二　社交—成瘾性消费需求模型

（一）成瘾性消费需求

Becker 和 Murphy（1988）对成瘾性的定义为，当且仅当一种商品过去消费的增加会导致当期的消费也增加时，这种商品是成瘾性消费。并且，他们定义的效用函数不仅与当期消费有关，也与上一期消费有关，由此所推导出的使个人效用最大化的成瘾性消费需求为

$$y_t = c + \rho y_{t-1} + \beta y_{t+1} + \alpha pri_t + BX + u_t \quad (5-1)$$

式中：y_t 为当期消费；y_{t-1} 为上一期的消费；y_{t+1} 为预期的下一期的消费；pri_t 为这种商品的当期价格；X 为影响消费的其他外生变量，如收入、性别和家庭状况等；u_t 为随机扰动项；参数 ρ 衡量了成瘾性消费的成瘾性强弱；β 则衡量了成瘾性消费的理性程度；c 为截距项。

Becker 和 Murphy（1988）的理性成瘾理论假定人是理性的、有远见的，甚至可以考虑未来消费对当期消费的影响，这种过于严格

的假定遭到了一些经济学家的批判。具体而言，理性成瘾理论因假设的严格性而存在以下问题：第一，理性成瘾理论假定消费者的偏好具有时间一致性，而实际上消费者的偏好很有可能会随着时间的变化而变化；第二，适度成瘾性消费有益，过度成瘾性消费有害，烟酒的适度消费可以建立和改善社会关系，但是过度消费会使身体患各种慢性疾病的概率大增，对健康造成很大隐患；第三，很难指望一个成瘾者在成瘾发作时仍然能理性考虑社会法制的制约因素；第四，理性成瘾模型因为认为人的行为是理性的，故不能很好地解释后悔、社会影响等问题。

(二) 模型设定

理性成瘾理论为研究成瘾性消费行为提供了一个全新的经济学视角，具有十分重大的意义。但是模型中的一些假设过于理想化，因而无法解释现实生活中的一些现象。这里我们遵从 Orphanides 和 Zervos (1995)、Akerlof (1991)、Tomer (2001) 的成瘾假说，假定成瘾性消费的需求为

$$y_t = c + \rho y_{t-1} + \alpha pri_t + BX + u_t \qquad (5-2)$$

影响成瘾性消费的其他因素有个人收入、健康状况、性别和受教育程度等。这些因素与成瘾品消费之间的关系如下：首先，个人收入越高，对商品的购买力就越强，可能会增加对成瘾品的消费；其次，个人健康状况越好，能承受的潜在健康损失越高，也有可能会增加对成瘾品的消费。另外，研究显示，烟酒的消费者中，男性及受教育程度较低的人群更有可能成瘾（高松等，2010；Becker et al., 1990；Chaloupka, 1990；Bask and Melkersson, 2004；Woodruffe - Burton et al., 2002)。

烟酒消费因社交需要而具有群体成瘾性，能通过社会关系的改

善而带来收入效应，与一般成瘾性消费不同，这种社交—成瘾性消费实际上是有限理性的。我们在模型中加入社交活动指标，以揭示烟酒消费的群体成瘾和有限性理性行为。本章用 inc、com、$heal$、ged、edu 分别表示个人收入、社交行为、健康状况、性别、受教育程度，并将上述时间序列模型扩展到面板数据，即

$$y_{it} = \rho y_{i,t-1} + \alpha\, pri_{it} + \alpha_1 inc_{it} + \alpha_2 com_{it} + \alpha_3 heal_{it} \\ + \beta_1 ged_{it} + \beta_2 edu_{it} + f_t + \mu_i + u_{it} \qquad (5-3)$$

模型（5-3）的设定存在两点不足。第一，由 f_t 所表示的共同因子在模型中对不同个体具有相同效应，这一点既不符合经济理论，也违背经验直觉；第二，该模型为动态单方程面板数据模型，不能反映系统各内生变量之间的动态反馈机制，而实际上，成瘾品的消费价格、消费量，成瘾者的个人收入、社交行为和健康状况之间是相互影响的。若忽略这些内生变量之间的相互影响而直接对模型进行估计，则会产生内生性偏误，估计的结果和分析的结论可能会不可靠。故而，本章参照 Bai（2009）的方法，在模型中引入个体和时间的交互项，以反映不同个体对共同因子的反应差异，同时将模型扩展为面板结构 VAR 系统：

$$\boldsymbol{A} z_{it} = \sum_{l=1}^{k} \boldsymbol{\Phi}_l z_{i,t-l} + \boldsymbol{B} x_{it} + \boldsymbol{\Lambda}_i f_t + \mu_i + \varepsilon_{it} \qquad (5-4)$$

式中：z_{it} 为系统的内生变量，$z_{it} = (inc_{it},\ com_{it},\ pri_{it},\ heal_{it},\ y_{it})'$；$x_{it}$ 为系统的外生变量，$x_{it} = (ged_{it},\ edu_{it})'$；$\boldsymbol{\Lambda}_i f_t$ 为模型的交互效应，f_t 为不可观察的整体外部环境因素（共同因子）对收入、社交行为、价格、健康状况及成瘾性消费的影响，$f_t = diag\,(f_t^{inc},\ f_t^{com},\ f_t^{pri},\ f_t^{heal},\ f_t^y)$；$\boldsymbol{\Lambda}_i$ 衡量不同个体对共同因子的敏感度，$\boldsymbol{\Lambda}_i = diag\,(\lambda_i^{inc},\ \lambda_i^{com},\ \lambda_i^{pri},\ \lambda_i^{heal},\ \lambda_i^y)$；$\boldsymbol{A}$ 为反映内生变量之间当期关系的矩阵；l 为滞后阶数；k 为最大滞后阶数；$\boldsymbol{\Phi}_l$ 反映了内生变量自身及相互之间的长

期关系；B 为外生变量的影响矩阵；μ_i 为个体效应；ε_{it} 为纯随机扰动项。由于含有各内生变量的当期影响，模型（5-4）的设定使内生变量的结构型冲击之间既不存在当期相关，也不存在长期相关，故 ε_{it} 的方差—协方差矩阵 $\sum$ 为对角矩阵。

因模型（5-4）中含有结构型参数，无法直接进行估计，需要转化为简约型模型（5-5）来间接求解：

$$z_{it} = \sum_{l=1}^{k} \psi_l z_{i,t-l} + Cx_{it} + \xi_i + H_i f_t + \epsilon_{it} \quad (5-5)$$

式中：$\psi_l = A^{-1}\Phi_l$；$C = A^{-1}B$；$H_i = A^{-1}\Lambda_i$；$\xi_i = A^{-1}\mu_i$；$\epsilon_{it} = A^{-1}\varepsilon_{it}$。通过对模型（5-5）进行估计，再对模型（5-4）施加一定的约束条件，便可得到模型（5-4）全部参数的估计值。

三 个体成瘾与群体成瘾行为的识别

烟酒的消费具有个体成瘾和群体成瘾双重特性，但是很多时候我们无法将群体成瘾行为和个体成瘾行为进行严格区分，这两种行为往往是相互影响的。如群体性的吸烟喝酒看似是群体成瘾行为，但也很有可能是一群都爱好吸烟、喝酒的个体成瘾者聚集在一起，对消费互相鼓励，从而在群体成瘾行为下，个体成瘾也得到了加强。反之，个体的成瘾性也更有可能激发群体成瘾行为，如个体成瘾者都倾向一起吸烟喝酒。因而，我们无法通过消费场合来区分这两种成瘾行为，只能根据消费表现出的不同偏好特征，识别究竟是个体成瘾行为占主导地位还是群体成瘾行为占主导地位。

模型（5-5）中的第五个方程反映了成瘾性消费对各变量的动态反馈机制。经典凯恩斯理论认为，收入是影响需求的重要因素。高松等（2010）的研究表明，收入对成瘾品的消费偏好有重要影响。

第五章 社交—成瘾性消费及其偏好迁移

本章根据成瘾品的消费在低收入阶段和高收入阶段的不同偏好，识别烟酒的个体成瘾行为和群体成瘾行为。在低收入阶段，对成瘾品的消费面临预算的约束，如果个体成瘾行为占主导地位，则随着收入的提高，成瘾品的消费也应该增加①；相反，如果群体成瘾行为占主导地位，则成瘾品的消费完全是为了满足基本社交活动的刚性需求，消费对收入的变化应该不敏感。在高收入阶段，预算约束丧失，理论上对成瘾品的消费没有限制，个体的成瘾性消费可以达到饱和状态，故而此时如果个体成瘾行为占主导地位，则高收入阶段的成瘾性消费较低收入阶段不会有显著差异；反之，如果高收入阶段的成瘾性消费与低收入阶段相比有显著差异，则表明群体成瘾行为占主导地位。具体而言，若高收入阶段的成瘾性消费比低收入阶段高，则表明成瘾性消费作为社交活动的需求得到了增加；若高收入阶段的成瘾性消费比低收入阶段低，则表明社会群体对成瘾品的消费偏好发生了迁移。

为了衡量成瘾品消费偏好的时间不一致性，识别烟酒消费的个体成瘾行为和群体成瘾行为，本章将收入对成瘾品消费的影响设定为时变的，即将模型（5-5）中第五个方程设定为

$$y_{it} = \sum_{l=1}^{k} \psi_{5,l} z_{i,t-l} + C_5 x_{it} + \xi_{5i} + H_i^y f_t^y + \epsilon_{5,it} \quad (5-6)$$

其中 $\psi_{5,l} = (\psi_{5,l}^{inc}, \psi_{5,l}^{com}, \psi_{5,l}^{pri}, \psi_{5,l}^{heal}, \psi_{5,l}^{y})$。而收入对成瘾性消费的影响为非线性形式，即收入滞后项前系数为

$$\psi_{5,l}^{inc} = \eta_{1,l} + \eta_{2,l} F(inc_t), \quad F(inc_t) = \frac{1}{1 + e^{-v \cdot (inc_t - c)}} \quad (5-7)$$

式中：$F(inc_t)$ 为非线性转换函数——逻辑函数。现有文献所用的

---

① 由于本章谈论的是烟酒的成瘾性消费，我们认为不存在也不考虑低收入阶段下，成瘾性消费的需求收入弹性为负的情况。

非线性转换函数通常有两种，一种是指数函数，另一种是逻辑函数。由于指数函数的非线性转换机制为对称的"U"形，反映的是低收入、高收入阶段具有相同的消费偏好及其与中等收入偏好的差别。显然，对于成瘾性消费而言，其低收入、高收入阶段的消费偏好很可能是不相同的。因而，本章用单调的逻辑函数来反映收入对成瘾性消费的非线性影响机制。c 为收入的阈值，v 为转换速度。$\eta_{1,l}$ 和 $\eta_{1,l}+\eta_{2,l}$ 分别衡量了低收入、高收入阶段成瘾品的需求收入弹性，$\eta_{2,l}$ 反映了高低收入阶段成瘾性消费的差异，$\psi_{5,l}^{inc}$ 则反映了在收入由低至高时对成瘾品消费偏好的总体变化。$\psi_{5,l}^{v}$ 表示成瘾品消费的成瘾性强弱。

综上，我们可以根据 $\eta_{1,l}$ 和 $\eta_{2,l}$ 的取值来识别个体成瘾行为和群体成瘾行为。

(1) $\eta_{1,l}$ 反映低收入阶段的消费特征。若 $\eta_{1,l}>0$，则在低收入阶段，对成瘾品的消费主要体现为个体成瘾性；反之，若 $\eta_{1,l}=0$，对成瘾品的消费则主要体现为群体成瘾性。

(2) $\eta_{2,l}$ 反映随收入增长消费偏好的迁移。若 $\eta_{2,l}=0$，则在高收入阶段，个体成瘾行为占主导地位；若 $\eta_{2,l}\neq 0$，则在高收入阶段，群体成瘾行为占主导地位。其中，$\eta_{2,l}>0$，表明群体成瘾消费作为经济活动和社交媒介的需求在增强；$\eta_{2,l}<0$，表明社会群体对烟酒的消费偏好在弱化。[①]

[①] 由于本章是从宏观层面反映社会群体对烟酒消费的偏好变化的，且 $\eta_{1,l}$ 和 $\eta_{2,l}$ 均表示的是经平减后的消费支出金额的收入弹性，可以揭示社会群体随着收入的提高而可能倾向更高档消费的现象。首先，烟酒消费不同于其他消费，随着收入的提高，其消费档次的变化主要表现为价格的变化，群体消费的总体质量分布基本不变；其次，本章中收入的变化是社会收入水平的变化，消费支出的变化是群体消费金额的变化，个体消费层次排序的变化对收入和消费支出之间的量化关系没有必然影响；最后，考虑到低收入阶段的预算约束和群体成瘾消费刚性及高收入阶段两种类型消费在理论上是饱和的，并不存在将群体成瘾消费误判为个体成瘾行为的可能。因而，本章的结论不受因个体收入的提高而进行差异化消费的影响。

这里需要说明的是，由于我们估计出的模型（5-5）中第五个方程［式（5-6）］含有非线性，在用简约式模型估计模型（5-4）时，不能直接求出其对应参数，而应该分低收入阶段［$F(inc_t)=0$］、高收入阶段［$F(inc_t)=1$］进行求解。后面报告的关于结构型模型的相关参数分别是在低收入和高收入机制下得出的两种结果。

四　社交性消费的贡献度

为了直观地衡量各内生变量对成瘾品消费的冲击，本章将模型（5-5）表示为面板结构 VMA 形式：

$$z_{it} = \boldsymbol{\alpha}_i + \boldsymbol{D}x_{it} + \boldsymbol{\chi}_i f_t + \sum_{p=0}^{\infty} \boldsymbol{\Theta}_p \varepsilon_{i,t-p} \quad (5-8)$$

式中：$\boldsymbol{\alpha}_i = \psi(1)^{-1}\xi_i$，$\boldsymbol{D} = \psi(1)^{-1}C$；$\boldsymbol{\chi}_i = \psi(1)^{-1}H_i$，其中 $\psi(L) = I - \sum_{j=1}^{k} \psi_j L^j$，$\psi(1) = I - \sum_{j=1}^{k} \psi_j$，$\Theta(L) = \sum_{p=0}^{\infty} \Theta_p L^P = \psi(L)^{-1}A^{-1}\Theta(1) = \psi(1)^{-1}A^{-1}$，$\boldsymbol{\Theta}_p = (\theta_{jsp} | j = 1, 2, \cdots, 5; s = 1, 2, \cdots, 5) = \sum_{j=1}^{p}(\psi_j \Phi_{p-j})$。

模型（5-8）中第五个方程为成瘾品消费的 SMA 形式，反映了各个内生变量对成瘾品消费的动态响应，即

$$y_{it} = \alpha_{5i} + D_5 x_{it} + \chi_i^y f_t + \sum_{p=0}^{\infty} \theta_{51p} \varepsilon_{i,t-p}^{inc} + \sum_{p=0}^{\infty} \theta_{52p} \varepsilon_{i,t-p}^{com} +$$
$$\sum_{p=0}^{\infty} \theta_{53p} \varepsilon_{i,t-p}^{pri} + \sum_{p=0}^{\infty} \theta_{54p} \varepsilon_{i,t-p}^{heal} + \sum_{p=0}^{\infty} \theta_{55p} \varepsilon_{i,t-p}^{y} \quad (5-9)$$

式中：等号右边依次为个体效应、控制变量效应、共同因子与个体的交互效应、收入冲击、社交行为冲击、价格冲击、健康状况冲击及成瘾性消费的自身惯性冲击。f_t^y 为不可观测的社会认知、健康意识、制度管制等环境因素，也代表非量化的个体社交活动对成瘾性消费的动态影响的趋势特征；χ_i^y 则反映了不同个体对这一共同因素

的敏感性。由于各个冲击都是标准正交化的，式（5-9）衡量了成瘾性消费对各个冲击的动态响应机制。

$\sum_{p=0}^{\infty}\theta_{51p}$、$\sum_{p=0}^{\infty}\theta_{52p}$、$\sum_{p=0}^{\infty}\theta_{53p}$、$\sum_{p=0}^{\infty}\theta_{54p}$、$\sum_{p=0}^{\infty}\theta_{55p}$分别是收入冲击、社交行为冲击、价格冲击、健康状况冲击、成瘾性消费的自身惯性冲击对成瘾性消费的长期效应，θ_{51p}、θ_{52p}、θ_{53p}、θ_{54p}、θ_{55p}分别是滞后p期的动态响应。由于$\sum_{p=0}^{\infty}\theta_{52p}$衡量了群体社交行为对成瘾性消费的长期影响，本章用社交行为所导致的成瘾性消费的增加与成瘾性消费的比值表示社交性消费对成瘾性消费的总贡献①，即

$$btn_{it} = \frac{\sum_{p}(\theta_{52p}\, com_{i,\,t-p})}{y_{it}} \quad (5-10)$$

五 成瘾性消费的社会经济效应评估

烟酒类成瘾品的消费不仅具有个体成瘾性，而且因社交需要而具有群体成瘾性。这种成瘾性消费一方面通过社交性消费带来社会关系的改善而具有收入效应；另一方面增大了社会健康支出，且损失了该部分健康投入所对应的潜在收入。在衡量烟酒类成瘾性消费的社会经济效应时，应同时考虑消费的直接收入效应、健康损失效应及健康损失的隐性收入损失。

1. 消费的显性收入效应

模型（5-8）中第一个方程为收入的 SMA 形式，衡量了各个内生变量对收入的动态响应，即

$$inc_{it} = \alpha_{1i} + D_1 x_{it} + \chi_i^{inc} f_t^{inc} + \sum_{p=0}^{\infty}\theta_{11p}\varepsilon_{i,\,t-p}^{inc} + \sum_{p=0}^{\infty}\theta_{12p}\varepsilon_{i,\,t-p}^{com}$$

---

① 与方差分解所反映的统计贡献不同，这里所说的贡献主要反映影响因素的经济贡献。

$$+ \sum_{p=0}^{\infty} \theta_{13p}\, \varepsilon_{i,\,t-p}^{pri} + \sum_{p=0}^{\infty} \theta_{14p}\, \varepsilon_{i,\,t-p}^{heal} + \sum_{p=0}^{\infty} \theta_{15p}\, \varepsilon_{i,\,t-p}^{y} \quad (5-11)$$

式中：等号右边分别是个体效应、控制变量效应、共同因子与个体的交互效应、收入自身惯性冲击、社交行为冲击、价格冲击、健康状况冲击、成瘾性消费冲击，反映了收入对各个变量的动态响应机制。$\sum_{p=0}^{\infty} \theta_{15p}$ 衡量了成瘾性消费对收入的长期影响；θ_{15p} 既衡量了滞后 p 期消费的动态影响，也衡量了当期消费对未来第 p 期收入的动态影响。因而，烟酒类成瘾性消费产生的直接收入效应（显性收入效应）为

$$rev_{it} = \sum_{p=0}^{\infty} \theta_{15p} \quad (5-12)$$

2. 消费的社会健康支出成本

模型（5-8）的第四个方程反映了健康支出对各内生变量的动态响应机制，即

$$heal_{it} = \alpha_{4i} + D_4\, x_{it} + \chi_i^{heal} f_t^{heal} + \sum_{p=0}^{\infty} \theta_{41p}\, \varepsilon_{i,\,t-p}^{inc} + \sum_{p=0}^{\infty} \theta_{42p}\, \varepsilon_{i,\,t-p}^{com} +$$

$$\sum_{p=0}^{\infty} \theta_{43p}\, \varepsilon_{i,\,t-p}^{pri} + \sum_{p=0}^{\infty} \theta_{44p}\, \varepsilon_{i,\,t-p}^{heal} + \sum_{p=0}^{\infty} \theta_{45p}\, \varepsilon_{i,\,t-p}^{y} \quad (5-13)$$

式中：等号右边分别是个体效应、控制变量效应、共同因子与个体的交互效应、收入冲击、社交行为冲击、价格冲击、健康支出自身惯性冲击和成瘾性消费冲击，反映了健康支出对各个变量的动态响应机制。$\sum_{p=0}^{\infty} \theta_{45p}$ 反映了烟酒类成瘾性消费对健康支出的长期影响，θ_{45p} 衡量了滞后 p 期成瘾性消费的动态影响，也衡量了当期成瘾性消费对未来第 p 期健康支出的动态影响。烟酒类成瘾性消费的社会健康支出成本为

$$cost_{it} = \frac{\sum_{p=0}^{\infty} \theta_{45p}\, y_{it}}{y_{it}} = \sum_{p=0}^{\infty} \theta_{45p} \quad (5-14)$$

3. 成瘾性消费的隐性收入损失和纯经济效应

成瘾性消费增加了社会健康支出成本，而实际上，健康支出作为一种人力资本投入，对经济增长发挥着重要作用（Schultz，1961；Becker，1962）。因此，本章在衡量成瘾性消费的经济效应时，还应该考虑成瘾性消费所导致的"无谓的健康支出"[①]所对应的隐性收入损失。式（5-14）衡量了成瘾性消费的社会健康支出成本，式（5-11）中 $\sum_{p=0}^{\infty} \theta_{14p}$ 反映了健康支出作为一种人力资本投入形式对收入的长期影响，θ_{14p} 反映的是滞后 p 期的动态影响。因此，成瘾性消费所导致的隐性收入损失可表示为

$$loss_{it} = \sum_{p=0}^{\infty} \theta_{14p} \left(\sum_{p=0}^{\infty} \theta_{45p} \right) \bigg/ y_{it} = \sum_{p=0}^{\infty} \theta_{14p} \cdot \sum_{p=0}^{\infty} \theta_{45p} \quad (5-15)$$

从而，成瘾性消费的纯经济效应为直接收入效应［式（5-12）］与隐性收入损失［式（5-15）］之间的差额[②]：

$$eco_{it} = \sum_{p=0}^{\infty} \theta_{15p} - \sum_{p=0}^{\infty} \theta_{14p} \cdot \sum_{p=0}^{\infty} \theta_{45p} \quad (5-16)$$

成瘾性消费总的社会经济效应，应为纯经济效应扣除社会健康支出成本之后剩余的部分。

这里需要说明的是，个体层面的连续动态数据不可得，且微观数据容易存在样本选择偏误问题，不适用于总体宏观经济效应的测度，而本章的主要研究内容在于从宏观层面揭示烟酒消费的偏好特征、整体收入效应和社会成本，并不反映烟酒消费的个体行为特征，且宏观数据大多基于大规模微观抽样得到，其分析结论更具有一般性，因此本章的定量

[①] 这部分健康支出是在成瘾性消费中消耗的，没有产生应有的经济效益。

[②] 由于本章中的数据都取了对数，式（5-16）其实是两个弹性相减。通常两个弹性不能相加减，但式（5-12）和式（5-15）都是收入对成瘾品消费的弹性，所以有 $eco_{it} = \dfrac{\sum_{p=0}^{\infty} \theta_{15p} y_{it} - \sum_{p=0}^{\infty} \theta_{14p} \cdot \left(\sum_{p=0}^{\infty} \theta_{45p} y_{it} \right)}{y_{it}} = \sum_{p=0}^{\infty} \theta_{15p} - \sum_{p=0}^{\infty} \theta_{14p} \cdot \sum_{p=0}^{\infty} \theta_{45p}$。

分析与研究结论均是基于宏观数据与宏观分析思路的。

六 模型估计、识别与样本数据

（一）交互效应非线性 PSVAR 模型的估计

由于交互效应的存在，现有的 PVAR 和 PSVAR 的估计方法都是有偏且非一致的。模型（5-5）除了第五个方程含有非线性，其他的四个方程都是含有控制变量、不可观测的共同因子的交互效应动态面板数据模型。对这四个方程的估计，本章参考 Bai（2009）对含交互效应面板数据模型的估计方法。

第一步，忽略共同因子部分，对 $z_{it} = \sum_{l=1}^{k} \psi_l z_{i,t-l} + C x_{it} + \xi_i + \omega_{it}$ 取组内离差消除个体效应，进而用 GMM 估计得到各动态面板模型的初值。

第二步，对第一步中得到的残差 $\widehat{\omega_{it}} = H_i f_t + \epsilon_{it}$ 进行主成分分析，得到共同因子 $\widehat{f_t}$ 和因子载荷系数 $\widehat{H_i}$ 的初值。

第三步，用被解释变量 z_{it} 减去共同因子部分 $\widehat{H_i} \widehat{f_t}$，得到新的被解释变量 $\tilde{z}_{it}$。

第四步，用 $\tilde{z}_{it}$ 代替 z_{it}，进而重复第一步至第三步直至收敛，便可以得到 $\widehat{\psi_l}$、$\widehat{C}$、$\widehat{\xi_i}$、$\widehat{H_i}$、$\widehat{f_t}$ 的一致性估计值。

模型（5-5）中第五个方程[式（5-6）]由于含有非线性，不能用上述方法直接进行估计，因此在估计时，参照彭方平、王少平（2007）的估计方法，在第一步中将模拟退火算法[①]与动态面板 GMM 估计相结合，从而估计出含交互效应的非线性动态面板数据模

---

① 模拟退火算法的估计思想是基于 Monte-Carlo 迭代来求解最优策略的一种随机算法。此处，通过寻找使动态面板模型的残差平方和最小的策略，求解非线性的最优阈值和转换速度。

型的初值。除第一步的估计方法有变动外,式(5-6)的估计步骤与其他四个方程相同。

由此,便可以得到模型(5-5)中各参数的系数值、简约型随机扰动项$\hat{\epsilon}_{it}$及其方差—协方差矩阵估计值$\hat{\Omega}$。由于$\epsilon_{it} = A^{-1}\varepsilon_{it}$,简约型随机扰动项的方差—协方差矩阵$\Omega$和结构型扰动项的方差—协方差矩阵$\sum$存在的关系为

$$\Omega = A^{-1} \sum A'^{-1}$$

$$A = (a_{js} \mid j=1, 2, \cdots, 5; s=1, 2, \cdots, 5) \quad (5-17)$$

由于矩阵A中有25个未知参数,矩阵$\sum$中有5个未知参数,而Ω中只有15个简约式参数的估计值,我们必须施加15个约束条件,才能正好识别模型(5-4)中的所有参数,并对其进行估计。

(二)交互效应非线性PSVAR模型的识别

1. 社交行为、价格、健康支出、消费量对收入的当期影响

随着经济的发展,社交性消费已经成为现代生活的一种新消费趋势,表达了人们情感上的沟通、祝愿和社会交往中的"礼尚往来"。在中国,烟酒的消费已不仅仅在于满足个人成瘾性的需求,还具有社会功能,能通过社会交往渠道提高收入(尹志超、甘犁,2010;郭旭,2015)。因而,社交行为在长期内存在收入效应。但是,通过社交性消费建立良好的人际关系需要一个过程,且通过社会渠道提高收入也需要时间与空间的配合,故而社交行为的收入效应存在滞后性。当期社交行为增加,其影响并不能及时地在当期收入中反映,反映在模型中为$a_{12}=0$。

收入的高低主要与所从事的职业、受教育程度、工作能力等个人因素和整体就业、经济形势等环境变量相关。理论上,价格对收

入的作用是外生的，只有价格变化导致需求发生变化，并引起人的行为、社会关系变化时，才会对收入有反馈作用。因此，成瘾品的价格对收入的作用存在滞后性，反映在模型中为 $a_{13}=0$。

从经济学角度来看，健康支出相当于一种"人力资本"投资，与收入在长期内相互影响。叶春辉等（2008）的研究表明，个人收入增加会使医疗保健支出增加，但健康支出的增加并不对当期收入产生影响，反映在模型中为 $a_{14}=0$。

根据凯恩斯理论，收入是影响消费的首要原因。收入提高，商品的消费量也随之增加。消费量的增加是收入增加的结果，并非原因。因而，消费量对收入没有当期作用，反映在模型中为 $a_{15}=0$。

2. 价格、健康支出、消费量对群体社交行为的当期影响

群体社交行为作为一种社交性消费已不仅仅是为了表达情感的需要，更多的是一种身份地位、群体归属感的象征。这种消费有极强的消费惯性，暗含着"面子工程"、炫耀性和社会认同（王宁，2001；孟祥轶等，2010），在短期内对消费成本的变化并不敏感。烟酒成瘾性消费在充当群体社交行为时具有刚性，因而价格对群体社交行为的效应存在滞后性，反映在模型中为 $a_{23}=0$。

随着经济的发展，人们的社会关系和心理状态逐渐发生转变，贫富差距、阶级分化和生活工作中的压力让人们感到越来越孤独。适量的、积极的社交活动可以宣泄情感、排解压力，促进人们的身心健康。House 等（1988）通过研究社会关系与健康之间的相互影响，发现社会关系更多与职业、婚姻状况和宗教信仰有关，个人健康在当期不会对其造成影响，但个人的社会关系是影响健康的重要因素，反映在模型中为 $a_{24}=0$。

社交活动是经济发展到一定水平，在满足了个人基本生活需求后所衍生出的一种情感和功利需求的消费（柳影，2012）。经济发展

低水平下的成瘾性消费更多的是一种个体成瘾性需求。反之，社交活动增加，与"礼尚往来"相关的社会交换物的需求会增加。因而，消费量对群体社交行为的影响存在滞后性，反映在模型中为 $a_{25}=0$。

3. 健康支出、消费量对价格的当期影响

个人健康状况对成瘾品的消费存在长期影响。健康状况越好，从长期来看，成瘾性消费会增加。健康支出是通过影响成瘾品需求间接影响价格的。就当期影响而言，健康支出的变化相对成瘾性消费的价格而言是外生的，反映在模型中为 $a_{34}=0$。

改革开放后，中国烟酒价格以市场调控为主，但由于烟酒自身的特殊属性，其定价不可避免地掺杂了很多政府调控因素（刘虹，2007）。2014年，国家烟草专卖局宣布放开烟叶收购价格，但同时规定，中国烟草总公司可以根据种烟成本收益、工业企业需求和行业发展需要，自主确定烟叶收购价格。实际上烟草价格主要由烟草总公司决定，且烟叶专卖管理体制和销售渠道都没有变化，加上价格本身存在黏性，故而消费量对价格难以产生即期影响，反映在模型中为 $a_{35}=0$。

4. 消费量对健康支出的当期影响

过度吸烟、酗酒会引发高血压、心脑血管疾病等，是慢性疾病发生、发展的主要原因。Odum等（2002）的研究表明，曾经吸烟但现在已经戒烟，对健康损失的贴现具有重要作用，其影响介于正在吸烟和从未吸烟之间。可见，烟酒类成瘾性消费对健康支出的影响存在滞后性，反映在模型中为 $a_{45}=0$。

根据上述识别条件，成瘾性消费不仅受消费惯性的影响，还受当期社交行为、健康状况的影响。也就是说，成瘾性消费是自身成瘾性、社交需求、健康状况三者权衡的结果，不是短视成瘾，而是有一定理性的抉择。所以，本章的模型实质上是基于有限理性假设建立的分析框架。

综上，本章对结构型矩阵 A 施加了 10 个约束条件。另外，本章再约束结构型残差的方差—协方差矩阵 $\sum$ 为单位矩阵，即把结构型残差进行标准化，这样又有了 5 个约束条件，模型恰好能够识别。通过对简约型模型的参数估计和其与结构型模型参数之间的对应关系，便可以求解出全部的结构型模型参数。

（三）样本数据及变量说明

不同个体具有相同的规律时，其变量才能合并为面板数据，由同一个变量来表述。内蒙古、西藏、新疆等省区因为生活或民族习惯等原因，其烟酒消费行为与其他地区有明显差异，不适合作为同一面板数据进行分析。北京、天津、上海、重庆作为直辖市，与其他省份相比，社会经济结构和发展水平存在明显差异，其社交—成瘾性消费的特征通常也不一致。另外，还有部分地区数据存在遗漏或异常波动，如河北、福建、山东，因此样本中未包含上述数据质量不好的省份[①]。因而，本章的样本为 2001—2012 年中国 21 个省份。样本数据中，性别和受教育程度这两个变量来自《中国人口和就业统计年鉴》，其他数据来自 EPS 中国宏观经济（分省份）数据库[②]。

[①] 数据异常的具体情况包括：福建省的受教育程度变量数据在 2009—2012 年急剧下滑（从 21% 下降到 11%），明显不合常理。同时，北京、天津、上海除了社会经济结构和发展水平显著异于其他地区，其受教育程度变量的数据（三市均值均在 20% 以上）在 2003 年突然分别下降至 15%、10%、10% 以下。河北省烟的消费金额数据在 2010 年突然下降了 50%。山东省酒的消费金额数据呈倒 "V" 形大幅波动，其动态变化明显不同于其他地区。上述数据的异常变化与其他地区所共有的动态特征有显著差异，而且很难用经济事实进行解释，所以，不适合与其他地区一起构造面板数据变量。

[②] EPS 是由北京福卡斯特信息技术有限公司于 2008 年构建的综合数据平台，拥有全球经济、中国宏观经济、区域发展、贸易人文、企业微观等多个数据库集群，共 46 个子数据库。本章所使用的是该平台经济运行板块中的中国宏观经济（分省份）数据库，该数据库数据为 EPS 整理的国家统计局公布的数据。

本章所用变量及其解释如下。

收入水平 inc：用各省份城镇地区人均可支配收入表示，并以 2000 年为基期进行价格平减。

群体社交行为 com：用各省份人均餐饮消费额作为反映指标。在中国，餐饮消费是一种典型的社交性消费（江天星、孟志青，2016；Guidetti et al.，2016）。而烟酒通常是餐饮的派生需求，消费的群体成瘾行为主要体现为群体性的吸烟喝酒（何明升，1996），故用各省份人均餐饮消费作为群体社交活动的替代变量。数据也以 2000 年为基期进行价格平减。

还需要说明的是，人均餐饮消费额中一般包含酒类的消费，而不包含烟的消费。所以，在烟消费的回归方程中，人均餐饮消费作为社交水平的替代指标，对模型的识别和估计都没有任何影响。而在酒的分析中，本章实证分析模型是面板 SVAR 模型，人均餐饮消费变量是 5 个内生变量之一。在酒消费的回归方程中，人均餐饮消费变量以两种形式出现在解释变量中：一是反映动态相关的滞后项，二是反映同期相关的当期项。当期的人均餐饮消费变量因为含有部分酒类消费而受被解释变量影响，从而可能具有内生性。所以，如果直接对酒消费方程进行估计，必须考虑内生性问题。但是，本章所估计的不是单个的酒消费方程，而是 SVAR 系统。SVAR 系统的系数估计值是由 VAR 模型的参数计算得到的。VAR 模型是纯粹的动态拟合系统，它无须理论支持，且所有解释变量都是前定的，不存在内生性问题，所以，人均餐饮消费含有部分酒类消费对酒的识别和估计也没有影响。

成瘾品价格 pri：用各省份城镇的烟（酒）消费价格指数（上一期=100）表示，并将数据减去 100，表示价格的增长率。烟酒种类较多且差异较大，是一种受政府管制相对较多的特殊消费品，其定价也因品类、税制、市场规律等差异而存在较大差别（关伟钧，1985），这导致宏观数据中并不能直接找到烟酒消费价格的水平值。因而，本章用烟酒消费价格的增长率来表示成瘾品的价格波动对消费的影响①。

另外，需要说明的是，烟酒价格受国家管制，只表明价格不受当期消费影响，并不意味着消费与价格无关。且消费需求受价格影响，并不受价格形成方式的影响。无论价格如何生成，需求都是消费者面对价格自主选择形成的。况且，尽管烟酒价格受政府管制，但其定价并不全是政府作用的结果，仍然以市场调节为主（刘虹，2007）。因而，利用烟酒消费价格增长率表示成瘾品的价格波动对消费的影响并不影响本章分析和结论的有效性。

健康支出 $heal$：用各省份城镇人均医疗保健支出表示②，并以 2000 年为基期进行价格平减。

成瘾品消费量 y：用各省份城镇烟（酒）的人均消费金额表示，以 2000 年为基期进行价格平减。

性别 ged：由于烟酒的消费者中以男性居多，用各省份城镇男性所占比例表示。

受教育程度 edu：用各省份城镇大专及以上学历人口所占比例表示。

为了直接衡量弹性，对收入水平、群体社交行为、成瘾品消费

---

① 本章中的成瘾品消费量取了对数，因而消费需求方程中价格前面的系数仍然表示的是价格弹性，用增长率来反映成瘾品的价格波动并不影响本章的研究结论。

② 医疗保健支出实际上包含两种：一种是疾病的医疗费用，另一种是健康意识提高而产生的预防性保健投入。本章的健康支出主要是指前者。但是，现有的统计数据无法直接分离后者的支出。不过，健康意识的变化具有社会特性，对于个体而言，表现为共同因素，所以健康意识的效应可以由 f 来反映。本章模型中包含共同因子 f，实际上等价于在所有变量中剔除 f 的效应后对剩余项进行回归，这是多元回归偏效应的基本性质。所以，引入因子 f 有助于分离医疗保健支出中由健康意识决定的预防性保健支出的影响，该变量的偏效应就是医疗支出的单独影响。

量、健康支出这 4 个变量取对数。在对模型进行估计之前，为了避免出现伪回归，保证模型估计的有效性，先对各变量进行平稳性检验。单位根检验①结果显示，各变量均是平稳的，且模型估计出的脉冲响应函数均收敛到 0。由此可见，以上基于交互效应非线性 PS-VAR 模型的构建和分析是可行的。

七 社交—成瘾性消费的偏好变迁及社会经济效应

（一）成瘾性消费的消费偏好

1. 烟酒消费的偏好变迁及成瘾特征

烟酒的消费不仅具有个体成瘾性，而且因社交需要而具有群体成瘾性。本章通过烟、酒在低收入、高收入阶段所表现出的不同消费偏好识别个体成瘾行为和群体成瘾行为。研究发现：

（1）烟的消费主要表现为个体成瘾行为。在低收入阶段，消费面临内部预算约束，烟的需求收入弹性为 0.3519，显著大于 0，表明此时对成瘾品的消费并非社交需求刚性，而是个体成瘾行为占主导地位，消费会随着收入的提高而增加。在高收入阶段，对成瘾品的消费没有预算约束的限制，成瘾性消费至少应与低收入阶段一样多。而烟的需求收入弹性在高低收入阶段没有显著差别（系数为 0.0099 且不显著），表明此时烟的消费仍然以个体成瘾行为为主，消费饱和后，收入提高并不会显著增加其需求。

（2）酒的消费主要表现为群体成瘾行为。在低收入阶段，酒的

---

① 各内生变量的单位根检验如下：

变量	inc	com	pri（烟）	pri（酒）	heal	y（烟）	y（酒）
LLC 检验	-3.9420 (0)	-4.2695 (0)	-4.6991 (0)	-7.1879 (0)	-6.1907 (0)	-7.0358 (0)	-7.2994 (0)

注：括号内为检验统计量的 p 值。

需求收入弹性为 0.4779，显著大于 0。而在高收入阶段，酒的收入弹性为 0.7106（=0.4779+0.2327），显著大于其在低收入阶段下的弹性，表明随着收入的提高，酒在社会经济活动中充当社交性消费的需求得到加强，其消费由个体成瘾行为逐渐转变为群体成瘾行为。

（3）无论是在低收入阶段还是在高收入阶段，酒的需求收入弹性都比烟高。也就是说，酒的消费依赖性整体而言比烟弱，其需求对收入的变化更敏感。

酒在生活中更多地充当了社交媒介。因而，酒作为一种社交性消费经常被用到，相较烟，其社交需求表现更明显。酒的个体依赖性比烟弱，因而酒的消费行为的变化对个人收入变化更敏感。烟酒成瘾性消费的偏好特征如表 5-1 所示。

表 5-1　　　　　　　　烟酒成瘾性消费的偏好特征

项目	$\eta_{1,l}$	$\eta_{2,l}$	阈值 c	转换速度 v
烟	0.3519（3.2576）	0.0099（0.0792）	9.3069（102.1）	9.035（103.8477）
酒	0.4779（4.6330）	0.2327（2.2012）	9.3136（100.8）	9.008（105.8039）

注释：括号内为统计量的 t 值。

（4）烟酒成瘾性消费随收入变化存在非线性转换机制。根据各省份收入变化的不同情况，我们发现：2006—2008 年为各省份高低收入机制的转换区间；2008 年之后，各省份成瘾性消费需求由高收入机制反映；2006 年之前，则由低收入机制反映。

2. 烟酒消费的成瘾性强弱

按照 Becker 等（1990）的定义，成瘾性表现为当且仅当上一期消费的增加导致当期的消费也增加。根据这一定义，成瘾性的强弱可由消费量的自回归系数来测度。本章中，烟酒消费的自回归系数估计值分别为 0.3356、0.1012。显然，烟的个体依赖性强于酒的个体依赖性，从而也印证了上述分析，烟的消费以个体成瘾行为为主，而酒的消费以群体成瘾行为为主。

同时，实证结果显示，受教育程度对烟和酒的消费都没有显著影响，性别对烟的消费没有影响，但男性占比对酒的消费有正向影响。也就是说，烟酒的成瘾性消费对于城镇居民而言，与受教育程度无关。这一方面是由城镇居民整体受教育程度普遍偏高、受教育程度差异不大所致，另一方面表明不同受教育程度的居民对烟酒有近似的消费偏好和消费意识。性别差异对烟的消费没有影响，这可能与近年来中国越来越多的女性进入烟草消费市场有关。男性占比对酒的消费有正向影响，男性比例提高1%，会使酒的消费平均提高约0.6%。一般而言，男性比女性社交应酬更多，对酒的社交需求较大。

（二）社交性消费的贡献

烟酒的消费，一方面因可以缓解紧张情绪和压力而具有个体成瘾性；另一方面因生活和工作中社交的需要而具有群体成瘾性。现实生活中，很多人对烟酒成瘾并非个人真的喜欢吸烟喝酒，而是由于社交需要而不得不增大消费，从而使自己"自愿（无奈）"成瘾（Winston，1980）。我们用社交行为所导致的成瘾性消费的增加与成瘾性消费的比值［式（5.10）］来表示社交性消费的贡献[①]。具体见表 5-2。

[①] 根据本章中计算出的烟酒成瘾性消费的收入转换机制的阈值，我们以 2005 年、2012 年为代表分别计算酒在低收入阶段、高收入阶段的社交性消费的贡献，由于烟在低高收入阶段下的成瘾性消费转换机制相同，我们计算 2009—2012 年的平均值来反映烟的社交性消费贡献。

表 5-2　　　　成瘾性消费在低收入阶段和高收入阶段的
社交性消费贡献　　　　　单位：%

省份	烟 2009—2012年	酒 2005年 低收入	酒 2012年 高收入	省份	烟 2009—2012年	酒 2005年 低收入	酒 2012年 高收入
山西	5.35	33.92	46.36	江西	4.75	21.55	44.97
辽宁	7.02	37.57	57.48	河南	5.08	19.88	46.34
吉林	5.64	20.87	44.12	湖北	5.66	34.53	51.49
黑龙江	5.69	28.27	44.14	湖南	5.57	27.10	49.27
江苏	6.69	40.21	57.77	广东	8.19	50.56	64.52
浙江	6.93	38.98	63.04	广西	5.40	20.47	38.67
安徽	4.49	20.77	37.66	海南	6.14	41.18	58.53
四川	5.46	27.45	49.47	贵州	3.96	16.94	31.83
云南	3.84	20.85	41.03	陕西	5.81	30.75	55.69
甘肃	4.96	23.15	38.36	青海	4.77	17.36	36.92
宁夏	5.75	31.26	53.94				

可以看出：

（1）烟的社交性消费的贡献仅为6%左右，且东部地区的贡献要明显高于中部地区和西部地区。由于烟的需求收入弹性与收入的高低没有显著关系，烟的社交性消费的比例在不同收入水平下也没有明显差异。收入的增加并不会增加烟的社交行为的活跃度，也就是说，烟的消费是个体成瘾行为占主导。

（2）酒的社交性消费的贡献在30%—60%，显著高于烟。在低收入阶段，酒的社交需求对成瘾性消费的贡献在30%左右，经济较发达地区的贡献相对较高，其中广东的贡献超过了50%，江苏、浙江的贡献在40%左右，而经济欠发达的省份如贵州、河南、青海等省份的贡献不到20%。在高收入阶段，酒的社交性消费的贡献明显高于低收入阶段。其中，广东、浙江的贡献超过60%，江苏、辽宁的贡献达到 57%，而贵州、青海也都保持了 30% 以上的贡献。可见，随着收入的增加，酒的社交需求得到了增强。也就是说，收入越高，酒在社交活动中表现出的群体成瘾行为越明显。而无论是低收入阶段还是高收入阶段，酒的社交性消费的贡献都远高于烟。因此，烟在成瘾性消费中主要体现为个体依赖性；而酒会随着收入的提高，更明显地表现出社交依赖性。

（三）成瘾性消费的社会经济效应

烟酒类成瘾性消费一方面通过社交性消费能带来收入效应，另一方面增加了社会健康支出及其潜在收入损失。烟酒类成瘾性消费的社会经济效应，应为直接收入效应扣减健康损失效应、隐性收入损失以后的净效应。表 5-3 所示为估计得到的收入和健康支出对各内生因素的长期弹性，表 5-4 则是烟酒类成瘾性消费的直接收入效应、隐性收入损失、纯经济效应以及健康损失效应的估计结果。

表 5-3　　　　收入和健康支出对各内生因素的长期弹性

项目	收入对各因素的长期弹性					健康支出对各因素的长期弹性				
烟	1.074 (3.063)	0.781 (3.411)	0.141 (1.935)	0.766 (3.320)	0.189 (2.818)	0.729 (1.887)	0.481 (4.901)	0.099 (1.634)	0.569 (6.987)	0.126 (2.126)
酒（低收入）	1.177 (4.239)	0.920 (4.540)	-0.013 (-1.288)	0.982 (5.595)	0.176 (4.571)	0.897 (2.378)	0.635 (3.233)	0.057 (2.161)	0.747 (5.269)	0.103 (2.203)
酒（高收入）	3.210 (5.774)	2.362 (5.582)	-0.026 (-1.223)	2.694 (7.267)	0.522 (5.781)	2.084 (2.585)	1.477 (3.525)	0.050 (1.203)	1.746 (2.322)	0.305 (1.761)

注：括号内的 t 值是基于 300 次 bootstrap 抽样得到的结果，下同。

表 5-4　　　　　　成瘾性消费的社会经济效应

项目	直接收入效应	隐性收入损失	纯经济效应	健康损失效应
烟	0.189 (2.818)	0.097 (2.624)	0.092 (0.8624)	0.126 (2.216)

续表

项目	直接收入效应	隐性收入损失	纯经济效应	健康损失效应
酒（低收入）	0.176（4.571）	0.101（1.554）	0.075（0.5639）	0.103（2.203）
酒（高收入）	0.522（5.781）	0.821（2.086）	-0.299（-6.262）	0.305（1.761）

通过分析并比较成瘾性消费的社会经济效应，可以发现：

（1）成瘾性消费的直接收入效应大于健康损失效应。对于烟而言，收入对成瘾性消费的长期弹性为 0.189，健康支出对成瘾性消费的长期弹性为 0.126，成瘾性消费的直接收入效应大于健康损失效应，且不同收入水平下无显著差别。

对于酒而言，在低收入阶段和高收入阶段下，收入对成瘾性消费的长期弹性分别为 0.176 和 0.522，健康支出对成瘾性消费的长期弹性分别为 0.103 和 0.305。无论是低收入阶段还是高收入阶段，酒的成瘾性消费的直接收入效应均大于健康损失效应。

（2）烟的纯经济效应近似为 0（0.092 不显著），酒的纯经济效应为负。烟消费的隐性收入损失为 0.097，不同收入阶段无显著差别，酒消费在低收入、高收入阶段的隐性收入损失分别为 0.101 和 0.821。收入越高，健康损失所带来的隐性收入损失也越高。在考虑了成瘾性消费导致的健康损失的隐性收入损失之后，烟和低收入阶段下酒的纯经济效应近似为 0（分别为 0.092 和 0.075，不显著异于 0），高收入阶段下酒的纯经济效应则显著为负（-0.299）。显然，对于群体成瘾行为而言，成瘾品的社交性消费在带来收入增长的同时，也因健康损失而带来了更高的隐性收入损失。因此，群体成瘾消费的经济动机实际是不成立的。

成瘾性消费总的社会经济效应显著为负。烟消费的纯经济效应近似为 0，而酒高收入消费的纯经济效应显著为负。若进一步考虑成瘾性消费带来的健康损失对生理的伤害，烟酒消费总的社会经济效应则确定是负的。

综合而言，成瘾性消费既带来了显性的收入增长，也因健康被消费而损失了潜在收入。在进行成瘾性消费时，人们往往只看到消费的显性收入和健康损失，而忽略了健康损失作为人力资本投入所能带来的隐性收入增长，因此，消费者看似"理性"成瘾，实则是成瘾理性有限。中央八项规定在一定程度上限制了以烟酒为代表的群体社交性消费，从消费的总经济效应来看，这一政策对经济的长期发展无疑是有利的。

（四）成瘾性消费对非量化社会因素的动态响应特征及其管制政策

1. 成瘾性消费对非量化社会因素的动态响应趋势

f_t^i衡量了除收入、社交活动、价格、健康状况、消费惯性等量化因素外，各地区共同面对的不可观察的非量化社会环境因素的冲击，捕获了社会认知、健康意识以及管制政策等对成瘾性消费影响的动态趋势。本章使用主成分分析法提取共同因子，为反映不可量化的社会环境因素对成瘾性消费影响的主要特征，只取特征值最大的共同因子。测度结果显示，最大特征值所对应的共同因子f_t^i分别可以捕获各地区烟酒成瘾性消费共同因子的83.98%和83.37%，可以反映各地区面临的共同的外部环境因素对成瘾性消费冲击的主要趋势特征。图5-1所示为成瘾性消费对不可观测的社会认知、健康意识以及管制政策等共同因子的动态响应趋势。

可以看出，从2005年开始，由社会认知导致的成瘾性消费存在内在的自激励增长趋势。一方面，随着经济的发展，以及生活水平的提高，人们的社会交往活跃度整体提升；另一方面，人们更加注重建立良好的社会关系，社交—成瘾性消费具有直接收入效应这一错误社会认知在刺激烟酒消费。可见，中央八项规定的提出，能从

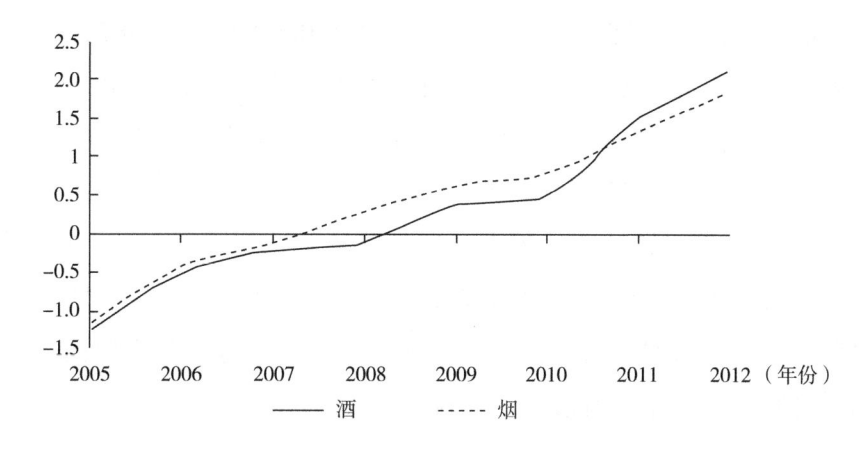

图 5-1　成瘾性消费对非量化社会因素的动态响应趋势

改变整体社会意识和社会认知方面遏制社交—成瘾性消费的自激励效应。

2. 成瘾性消费的价格弹性及对成瘾品的管制政策

在短期内，无论收入高低，由于消费惯性和成瘾品的需求刚性，成瘾品的消费都不能及时对价格的变化迅速作出反应；而在长期内，消费量会随着价格的变化作出相应的调整。ψ_{4l}^{pri} 衡量了成瘾性消费的短期价格弹性，$\sum_p \theta_{43p}$ 则反映了长期价格弹性，即价格对成瘾品消费的总冲击。成瘾品的需求价格弹性如表 5-5 所示。

表 5-5　成瘾品的需求价格弹性

需求价格弹性	烟	酒	
	低（高）收入	低收入	高收入
短期需求价格弹性	0.0019 (0.0461)	-0.0024 (-0.0530)	
长期需求价格弹性	0.0987 (0.8535)	0.4229 (2.4037)	1.2545 (2.5808)

烟的短期和长期需求价格弹性分别为 0.0019、0.0987，均不显著，表明烟的消费对价格不敏感。酒在短期内的需求价格弹性为 -0.0024，也不显著；长期内，酒的需求价格弹性在低收入、高收入阶段分别为 0.4229、1.2545，显著大于 0，表明提升酒的价格在长期内反而增加了酒的需求，这是群体社交性消费中"面子消费"的典型表现。成瘾品短期和长期需求价格弹性的特征表明，消费税无助于遏制烟酒消费，社交—成瘾性消费行为主要依赖社会认知、管制政策等环境因素的外生制约。

八　结论及启示

烟酒消费兼具个体成瘾和群体社交的双重特性，在中国居民的社会经济活动中扮演着极为特殊的角色。本章通过构建含不可观测共同因子的交互效应非线性面板 SVAR 系统，测度了社会群体对烟酒消费的偏好变迁及其社会经济效应，并对这一成瘾品的管控政策提出了建议。

第一，烟的社交性消费比例较低，主要表现为个体成瘾行为；而酒类消费的个体依赖性较弱，社交性消费比例较高并随着收入的提高而上升，主要表现为群体成瘾行为。因此，相较而言，酒类消费对社会交往活动和社会风气的影响更大。培育积极健康的消费文化，弱化酒类消费的社交媒介特征，有助于遏制社会交往活动中奢华攀比的不良风气，形成健康简约的消费观念。

第二，烟酒消费虽然具有直接的收入效应，但考虑了健康损失的隐性成本和生理伤害以后，其社会经济总效应为负值。所以，社交—成瘾性消费并不具有润滑社会经济运行的积极作用。相反，形成良好的烟酒消费风气，并对烟酒消费进行合理的引导和管控有利于经济的长期增长和社会的健康发展。

第三，市场价格对调节烟酒消费是无效的，而且，由于攀比心理，价格上涨反而会刺激酒类消费。所以，价内的消费税不具有遏制烟酒消费的作用。抑制社交—成瘾性消费不但依赖消费观念提升对攀比消费的自觉抵制，更要依赖管制政策的外生制约。这些管制政策可以是对某些特殊消费活动的约束，如公款消费、青少年消费等；也可以是对某些供给环节的制约，如所谓"高档"烟酒的生产和误导性宣传。

需要说明的是，烟酒消费的社交属性和成瘾性在中国社会经济活动中具有典型的表现，本章主要从宏观层面研究此类特殊的社交—成瘾性消费的总体社会经济效应，并不涉及微观个体的行为特征和消费决策。居民个体在烟酒消费中具体的行为模式以及产品异质性所对应的个体偏好特征，需要通过微观调查数据进行反映，这可以作为进一步研究的方向。

第六章　供需匹配与居民潜在消费路径

供需结构不匹配是居民消费不振和内循环受阻的一个重要原因。本章在 Hsiao 等（2012）处置效应模型的基础上引入个体因素，通过对消费市场层级的界定和划分，测度中国消费市场供需结构的错配度及其对应时点，模拟供需匹配情形下中国居民的潜在消费路径。

一　问题的提出

党的二十大报告指出，我们要坚持以推动高质量发展为主题，把实施扩大内需战略同深化供给侧结构性改革有机结合起来，增强国内大循环内生动力和可靠性。[①]

中国经济的内需不足，主要表现为居民消费的不足。特别是2000年之后，中国居民消费率出现明显下滑，2001年为47.3%，2019年仅为38.8%。而同时期，美国的居民消费率保持在60%以上，OECD

[①] 习近平：《高举中国特色社会主义伟大旗帜　为全面建设社会主义现代化国家而团结奋斗——在中国共产党第二十次全国代表大会上的报告（2022年10月16日）》，人民出版社2022年版，第28页。

国家平均为60%。同时，中国出境游人数及居民境外消费却持续增长。国家统计局发布的《新中国成立70周年经济社会发展成就系列报告之二十三》指出，1995年至2017年，中国出境旅游人数由0.05亿人增至1.43亿人，年均增长17%，出境游人数位次由1995年的世界第17位上升到2013年的世界第1位，并于2014—2018年稳居世界第1位，成为全球最大的出境游市场。出境旅游支出也保持了同步高增长。2018年，中国公民出国旅游花费排名世界第1位，达2773亿美元，较上年增长5.2%[①]。其中，购物消费是境外消费最主要的方式。

关于中国居民消费不足的原因，国内外学者着重从需求侧因素进行了大量研究。

基于凯恩斯消费理论，Modigliani和Cao（2004）认为，中国经济的高速增长是中国高储蓄低消费的重要影响因素。He和Cao（2007）也认为，高储蓄是中国居民收入增长到特定阶段的必然现象。因而，现有研究大多将收入作为影响居民消费的重要解释变量（Loayza et al.，2000）。

基于生命周期理论，一些研究认为中国经济高速增长时期劳动人口比重上升和预期寿命延长是中国低消费的重要原因（汪伟，2010；Wei and Zhang，2011；刘生龙等，2012；Curtis et al.，2015）。中国传统"重男孩"观念导致的性别比失调、婚姻市场的竞争性储蓄、女性劳动参与率等也会导致家庭的高储蓄（Song and Yang，2010；尹志超、张诚，2019）。但也有研究指出，中国老年人的储蓄实际比工作人口更高（Chamon and Prasad，2010），生命周期理论无法解释现阶段中国老龄化越来越严重但居民储蓄率仍然很高的现象（汪

---

① 数据来源：联合国世界旅游组织（2024年1月更名为"联合国旅游署"）。

伟、艾春荣，2015）。而且，性别比失衡主要体现在农村，而中国的高储蓄主要来自城镇居民（陈斌开、杨汝岱，2013）。

基于预防性储蓄理论，一些研究认为中国的社会保障体系不健全，养老、医疗、子女教育支出的不确定性较大，居民有必要为此进行更多的预防性储蓄（Chamon et al.，2013；Choi et al.，2017；He et al.，2018）。因而，大量研究分析财政支出、公共教育支出、医疗保险等对居民消费的影响（Ho，2001；Tagkalakis，2008；马光荣、周广肃，2014；吕冰洋、毛捷，2014）。

基于流动性约束理论，一些研究认为中国金融市场体系不健全、借贷约束和投资效率低下并存，居民只得倾向进行更多的储蓄（万广华等，2001；甘犁等，2018）。然而，也有研究指出，这种观点与中国的金融市场和金融体系逐步改善、居民消费率却未见明显提升的现象不符（陈斌开等，2014）。

基于收入分配理论，高收入群体的储蓄通常也更高，因而一些研究将中国居民的消费不足归因于收入差距的扩大（杨汝岱、朱诗娥，2007；陈斌开、林毅夫，2012；甘犁等，2018）。

同时，一些研究认为高房价也是中国居民低消费的重要原因（李涛、陈斌开，2014；范子英、刘甲炎，2015）。也有部分研究基于消费文化的角度，认为儒家文化和中国自古戒奢从俭的传统致使居民消费率一直较低（Carroll et al.，2000；叶德珠等，2012；易行健、杨碧云，2015）。

上述文献主要基于需求侧因素和消费者行为解释消费需求，而忽略了供给侧因素的影响，难以有效解释中国现阶段的居民消费不足（陈斌开等，2014）。

居民消费同时受供给和需求因素的影响。供需是消费的两面，有需求才有供给，有供给才有需求（胡培兆，1999）。国家"十三五"规划提出,发挥消费对增长的基础作用,需引导居民消费朝着智能、绿色、健康、安全等方向转变。因而,扩大内需要把需求侧和供给侧的结构性改革有机结合,以高质量供给引领和创造新需求(何代欣,2017)。

供给分为有效供给和无效供给。与需求相适应的供给是有效供给,与需求相背离的则是无效供给(刘地久,2001)。有效供给有助于推动居民消费,促进消费供需匹配;而无效供给会抑制居民消费,使消费供需错配(毛中根,2015)。当供需不匹配时,有效供给不足与有效需求不足并存(胡培兆,1999)。而且,有效供给不足会表现为有效需求不足,但这种因果关系不能反向成立,消除无效供给,增加有效供给是提升有效需求的重要方式(刘地久,2001)。

一些研究认为,中国居民消费不足在一定程度上源于有效供给不足(骆竹梅、吴文旭,2005;何代欣,2017)。这也是通过增大转移支付、刺激消费不能有效扩大内需的重要原因(徐朝阳,2014)。陈斌开等(2014)也指出,启动中国经济的长效需求须从供给侧结构性改革入手。然而,现有文献对消费市场供需结构的匹配问题大多为定性描述,对中国供给需求的错配程度及其具体时点缺乏客观的评估,更是很少涉及有效供给下居民潜在消费路径的动态测度。

本章则基于供需匹配视角,在控制需求因素的基础上,将供给侧因素融入居民消费模型,测度中国居民消费的供需错配度和发生时点、模拟供需结构匹配情形下居民潜在的消费路径。同时,通过居民消费供需结构的国际对比分析,为中国扩大内需提供经验借鉴。

与现有研究相比,本章的创新主要体现在:第一,从供需匹配的角度,构建了识别居民潜在路径的理论基础,测度了供需匹配条件下居民消费的潜在空间;第二,在 Hsiao 等(2012)的模型中引入个体因素,量化评估了居民消费供需结构的错配度及其对应的具体时点。

二 中国消费市场的特点

(一) 消费的两个层次

消费的基本作用是满足温饱等基本生存和生活需要，如粮食、一般衣物等。这种消费为任一时期的必需品，是层次相对低端的消费，基本由需求主导。在本章中，我们称其为需求主导型消费。

在基本的生存消费需求得到满足后，随着经济发展水平的提高，人们会衍生出对提升生活质量和提高生活享受的其他消费，如绿色食品、品牌服装、高端电子产品等（刘地久，2001）。这种消费的形成主要与经济体的供给有关，我们称之为供给引导型消费。

供给引导型消费在供给之前，一般居民对其没有具体的认识，也没有相应的需求，如智能电子产品。只有当供给方创造出这类产品之后，其提供的便利和舒适为居民所知晓，需求才会形成。因而，供给引导型消费的需求具有供给引导的特征，胡培兆（1999）对相关概念也有具体说明。

如果供给因价格过高、品质太低等使供给结构的升级速度滞后于消费结构，供需错配问题就会凸显（胡培兆，1999）。

(二) 供给引导型消费的两级市场

萨伊的供给理论肯定了市场供给在满足消费供需平衡时的重要性。然而，市场并不总是完美的。各个国家由于经济发展水平差异，在科技发展、产品创新等方面会存在较大差距，供给引导型消费的供应也会有显著差别。所以，供给引导型消费市场存在供给相对有效和供给相对无效的情况（胡培兆，1999）。相对有效的供给能满足居民消费需求,促进消费供需匹配,而相对无效的供给难以匹配居民消费需求,导致消费供需错配(刘地久,2001)。

在供给引导型消费的初始供应市场,由于科技更先进,管理制度更成熟,有能力和实力直接供应更便捷和舒适的产品,如欧美等发达经济体。因而,初始市场的供给相对有效,消费需求能及时得到满足,更容易实现供需之间的基本匹配。

衍生市场滞后于初始市场。由于技术和经济发展的差距,衍生市场需要通过初始市场新型消费的知识外溢、进口等实现相对的有限供给。由于衍生市场供给的相对滞后,无法完全满足居民的消费需求,可能出现明显的供需错配[①]。

初始市场和衍生市场居民实际消费和潜在消费的路径演化如图6-1所示。实线是实际消费,虚线是供需匹配条件下的潜在消费。

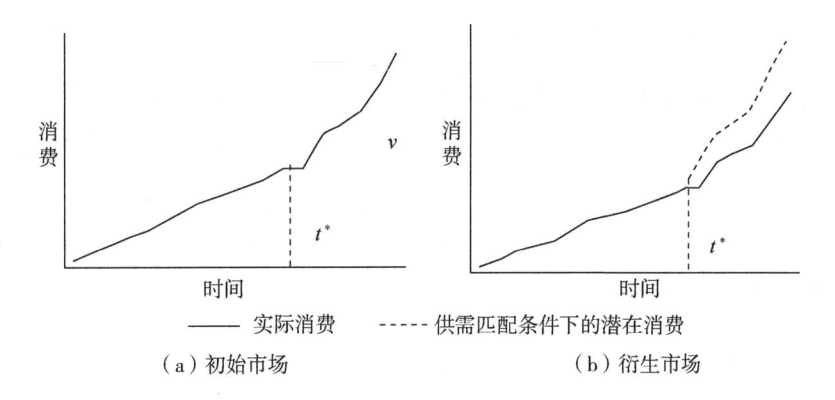

图6-1 初始市场和衍生市场居民实际消费和潜在消费的路径演化

(三)中国消费市场的性质

中国正处从基本需求为主向非基本需求跨越的阶段(周密

---

① 本章所定义的衍生市场即胡培兆(1999)所定义的无效供给市场,供给满足不了同期需求,供需结构错配。

等，2018）。李斌（2004）的研究指出，中国经济供给创造需求的能力相对不足。骆竹梅和吴文旭（2005）、陈斌开等（2014）、何代欣（2017）等也认为，中国的供给满足不了居民的消费需求，是居民消费不足的原因之一。

首先，中国科技发展和产品创新等滞后于美国、日本和欧洲发达国家。《国家创新指数报告2016—2017》显示，中国的国家创新指数综合得分为69.8，排名世界第17位。前五位依次是美国、日本、瑞士、韩国和丹麦。近年来，中国的科技成果总量有了较大突破，但与发达国家相比，中国的创新能力，尤其是人均创新能力仍相对较低。

其次，中国经济对外依赖较高。一方面，国内相对高端的产品供给相对滞后。在中国的消费结构中，进口货物占居民消费的比重长期保持在40%左右，2005—2007年曾超过70%。而且，进口以芯片、铁矿石、机电、精密仪器设备和管线材等技术含量相对高端的产品为主。另一方面，企业初级产品供给相对过剩，主要依靠出口化解部分过剩产能。2000—2018年，中国对外出口的货物占GDP的比重平均为25%，且出口的家具、玩具、纺织品及普通原料等初级商品占比约为70%。

尽管收入约束也影响居民消费和消费结构，提高收入可以提升居民购买力进而促进消费，但这并不是居民消费不足的唯一原因。如印度的个人收入比中国低，其居民消费率却高于60%。

综上所述，与欧美等发达国家相比，中国主要表现为供给引导型消费的衍生市场。

本章拟基于供需匹配视角，在控制收入水平等需求侧因素的基础上，测度中国居民消费的供需错配度及其对应时点，模拟供需匹配条件下居民消费的潜在空间。

三 居民潜在消费路径的识别机制

中国的消费市场主要表现为供给引导型消费的衍生市场，因而本章观测到的居民消费很可能是供需错配状态下的结果。测度供需匹配下中国居民消费的潜在路径，需要模拟一个供需基本匹配的状态，所以，这本质上是一个反事实分析的问题。

（一）供需匹配下中国居民潜在消费的测度

以 y_{it}^0 表示供需基本匹配下的居民消费，y_{it}^1 为供需错配下的居民消费。个体 c 表示中国，其出现供需明显错配的具体时点为 t^*，假设参照个体 1—N 的供需是基本匹配的。则

$$y_{it} = y_{it}^0 \quad i=1, 2, \cdots, N; \ t=1, 2, \cdots, T \quad (6-1)$$

$$y_{ct} = \begin{cases} y_{ct}^0 & t=1, 2, \cdots, t^*-1 \\ y_{ct}^1 & t=t^*, t^*+1, \cdots, T \end{cases} \quad (6-2)$$

式中：t^* 时点之前的消费 y_{ct}^0 为供需基本匹配状态下的中国居民消费；t^* 时点及之后的 y_{ct}^1 为观测到的供需错配下的中国居民实际消费。若我们知道在 t^* 时点及之后的中国居民消费 y_{ct}^0，则两者之间的差距（$y_{ct}^1 - y_{ct}^0$，$t=t^*$，t^*+1，…，T）即供需错配导致的居民消费损失。但是，t^* 时点及之后的 y_{ct}^0 是未知的。

Hsiao 等（2012）基于面板数据提出了一种测度政策变轨效应的动态影响的方法，在本章中我们称之为 HCW 模型。该模型认为，如果个体都受到某些共同因素的驱动，就可以用不受政策影响的个体信息作为参照来估计受政策影响的个体在没有政策实施时的潜在路径，进而根据实际路径和潜在路径的距离评估政策实施的效果。

基于 HCW 模型的思想，在供需基本匹配这一共同状态下，居

民消费可以表示为

$$y_{it}^0 = \mu_i + \Lambda'_i F_t + u_{it} \quad i = c, 1, 2, \cdots, N; \ t = 1, 2, \cdots, T \tag{6-3}$$

式中，居民消费的影响因素可以分为两部分，一是由经济个体的特质性 μ_i 及随机扰动项 u_{it} 决定，二是受共同因素 F_t 驱动。如果以共同因素 F_t 反映供需基本匹配的状态，式（6-3）实际衡量的就是供需基本匹配状态下的居民消费。

显然，y_{ct}^0 给出了供需基本匹配状态下中国居民的潜在消费路径。由于 F_t 是 y_{it}^0 的共同成分，y_{it}^0 是 F_t 的完全信息集，基于 Hsiao 等（2012）的研究，供需基本匹配状态下中国居民消费也可以表示为

$$\begin{aligned} y_{ct}^0 &= \mu_c + \Lambda'_c F_t + u_{ct} \\ &= \alpha_c + \gamma'_c Y_t + \varepsilon_{ct} \quad t = 1, 2, \cdots, T \\ Y_t &= (y_{1t}^0, y_{2t}^0, \cdots, y_{Nt}^0)' \end{aligned} \tag{6-4}$$

因此，若知道中国供需明显错配的时间 t^*，则可以利用前面 $t^* - 1$ 期的数据求出相关参数 $\widehat{\alpha}_c$、$\widehat{\gamma}'_c$，进而对 t^* 期及之后的数据进行拟合，估计出有效供给下中国居民的潜在消费路径，即

$$y_{ct}^0 = \begin{cases} \alpha_c + \gamma'_c Y_t + \varepsilon_{ct} & t = 1, 2, \cdots, t^* - 1 \\ \widehat{\alpha}_c + \widehat{\gamma}'_c Y_t & t = t^*, t^* + 1, \cdots, T \end{cases} \tag{6-5}$$

可以看出，HCW 模型在测算供需匹配下中国居民的潜在消费路径时，实际上是基于供需匹配个体的信息 y_{it}^0 合成了一个参照个体 $\gamma'_c Y_t$，并基于合成的参照个体进行反事实分析。

与处置效应分析的合成控制法相比，HCW 模型并不限制参数 γ'_c 的符号，也不约束 γ'_c 的和为 1；而与 DID 方法相比，HCW 模型只要求处置个体与参照个体有相似的趋势而不苛求完全相同的时变性。在 HCW 模型的基础上，Pesaran 和 Smith（2016）测度了英国量化宽松政策的效应，Ouyang 和 Peng（2015）分析了中国四万亿经

济刺激政策的影响。类似研究还有 Bai 等（2014）、Fujiki 和 Hsiao（2015）、Du 和 Zhang（2015）等。

但是，HCW 模型存在一个重要缺陷，即假设个体行为的差异主要源于个体效应 μ_i，而忽略了其他可量化经济因素的异质性影响。特别是，对于居民消费而言，各国的收入水平、社会保障体制、人口结构因素等需求侧因素都是重要的影响因素。忽略需求侧因素的影响，很可能导致错误的测度结果。杨继生和万越（2016）在 HCW 模型的基础上加入了外生的个体经济因素，并证明了加入个体经济因素的 HCW 模型具有更好的预测能力，且预测结果与共同因子的稳定性无关。

以 x_{it} 表示影响居民消费的需求侧因素，同时引入需求侧因素和供给侧因素的居民消费模型可以表示为

$$y_{it}^0 = \mu_i + \beta'_i x_{it} + \Lambda'_i F_t + u_{it}$$
$$i = c, 1, 2, \cdots, N; \quad t = 1, 2, \cdots, T \qquad (6-6)$$

式中：$x_{it} = (inc_{it}, psoc_{it}, pedu_{it}, phea_{it}, age_{it}, hp_{it}, r_{it})'$ 为影响消费的需求侧因素，包括收入水平 inc_{it}、社会保障 $psoc_{it}$、公共教育支出 $pedu_{it}$、公共医疗卫生支出 $phea_{it}$、人口结构 age_{it}、住房价格 hp_{it}、利率 r_{it}；β'_i 为不同经济主体的消费对需求侧因素的异质性反应；μ_i 为个体效应，反映不同国家居民消费的内在差异如区域、消费文化等的差异化影响；u_{it} 为随机扰动项；而 $\Lambda'_i F_t$ 反映供给方面的影响，其中 F_t 为与需求相对匹配的供给状态，Λ_i 为不同个体的差异化反应。因而，式（6-6）实际上反映的是经济体在供需基本匹配状态下的居民消费。

基于 Hsiao 等（2012）的研究，式（6-6）可以等价表示为

$$y_{ct}^0 = \alpha_c + \delta'_c x_{ct} + \gamma'_c \tilde{Y}_t + \varepsilon_{ct} \quad t = 1, 2, \cdots, T \qquad (6-7)$$
$$\tilde{Y}_t = (\tilde{Y}_{1t}, \tilde{Y}_{2t}, \cdots, \tilde{Y}_{Nt})'$$

$$\tilde{Y}_{it} = y_{it}^0 - \hat{\beta}'_i x_{it} \quad i = 1, 2, \cdots, N$$

若知道时间 t^*，则可以利用前 t^*-1 期的数据求出式（6-8）中的相应参数 $\hat{\alpha}_c$、$\hat{\delta}'_c$、$\hat{\gamma}'_c$，即

$$y_{ct}^0 = \alpha_c + \delta'_c x_{ct} + \gamma'_c \tilde{Y}_t + \varepsilon_{ct} \quad t = 1, 2, \cdots, t^*-1 \quad (6-8)$$

进而对 t^* 期及之后的数据进行拟合，估计出中国 t^* 期及之后在供需基本匹配状态下的潜在居民消费路径，即

$$\hat{y}_{ct}^0 = \hat{\alpha}_c + \hat{\delta}'_c x_{ct} + \hat{\gamma}'_c \tilde{Y}_t \quad t = t^*, t^*+1, \cdots, T \quad (6-9)$$

将模拟出的 t^* 期及之后供给相对有效下的潜在居民消费与实际居民消费进行对比，就可以有效度量实际消费与潜在消费之间的相对偏离。即

$$cp_t = \frac{\hat{y}_{ct}^0 - y_{ct}^1}{y_{ct}^1} \quad t = t^*, t^*+1, \cdots, T \quad (6-10)$$

由于需求侧因素是相同的，潜在消费路径与实际消费水平之间的偏离是由供给差异导致的。所以，式（6-10）实际上测度的是中国居民消费的供需错配度。对于供需匹配的市场而言，这一指标的期望值为 0。

然而，要测算出有效供给下中国居民消费的具体路径及供需错配度，仍需要解决两个重要问题：一是参照个体的选取，二是时点 t^* 的估计。

（二）参照个体的选取

供需匹配下中国居民潜在消费的测度，参照个体需要具备两个特征：一是可实现性，即需要基于现实存在的经济状态来构造；二是高质量性，即需要基于供需基本匹配的初始市场来构造。

本章从 OECD 国家中选取参照对象。OECD 国家几乎涵盖了所有的发达国家，其经济发展、科技创新、新型消费供应、管理制度

等相对发达和成熟，各国之间的经济联系也较紧密，契合初始市场的供给特征。同时，我们剔除了部分不适合或无法进入样本的国家：①经济数据不全的国家，如澳大利亚、智利、冰岛等；②近期经济表现不佳的国家[1]，如希腊、西班牙等；③1994 年后加入 OECD 的国家，如墨西哥、捷克、匈牙利、韩国[2]；④居民消费率曾低于50%的国家[3]，如爱尔兰、卢森堡、荷兰、挪威、瑞典、丹麦。进而，根据 Hsiao 等（2012）的研究，我们将时间 t^* 之前合成的消费路径与实际消费路径的拟合程度作为选取标准，最终选取奥地利、比利时、加拿大、法国、德国、日本、瑞士、英国、美国 9 个国家作为参照国，其居民消费率如图 6-2 所示。

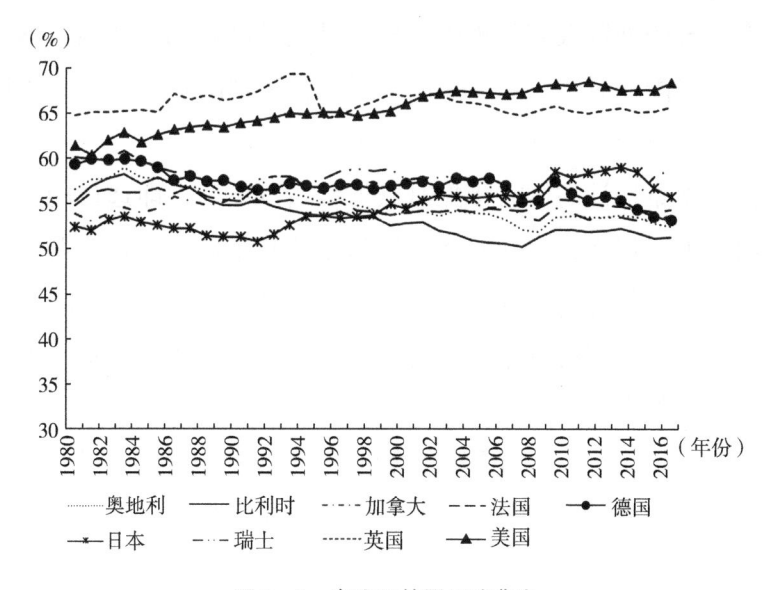

图 6-2 参照国的居民消费率

---

[1] 因为近期经济下滑的国家也很可能存在供需错配的问题。
[2] 本章样本数据的起始时间为 1980 年，当时墨西哥、捷克、匈牙利、韩国还被列为发展中国家，因而在选择参照国时，没有包含这些国家。
[3] 居民消费率曾低于 50% 的国家很有可能存在供需不匹配的问题。

可以看出，参照国居民消费率的动态轨迹都比较平稳，表明其供需状况都相对稳定。在稳健性检验部分，本章通过测算参照国居民消费的供需匹配度及其供给的有效性，会进一步验证参照国选取的合理性。

这里需要说明的是，HCW 模型的优势在于只要求个体间具有相似而不是完全相同的趋势。如果某一个体与其他个体相似性较弱，其载荷系数就较小。因而，即使个别国家的市场结构与其他成员国有趋势差异，也并不影响模型分析结果的一致性。

（三）时点 t^* 的估计

在一般的处置效应分析中，处置时点是已知的。然而，本章中供需明显错配的时点 t^* 是未知的，所以，识别时点 t^* 是测算中国居民潜在消费路径的关键。

假设本章估计的供需错配时点为 $\tilde{t}$。若 $\tilde{t} > t^*$，即选择的时点比实际时点晚，那么，式（6-8）所依据的样本区间就包含两个子样本，一是 t^* 之前的供需匹配区间，二是 t^* 与 $\tilde{t}$ 之间的供需错配区间。显然，这两个区间的参数是不同的，此时式（6-8）的估计参数就会有明显的偏误。

相反，如果 $\tilde{t} < t^*$，即选择的 $\tilde{t}$ 比实际发生消费不足的时点早，此时 $\tilde{t}$ 前的样本区间内供需就是基本匹配的，式（6-8）的估计参数是一致的。但是，在估计式（6-8）时，本章使用了较少的样本信息。我们本来有 t^* 个样本点可用，但只用了其中的 $\tilde{t}$ 个。显然，这样的估计结果不是最优的，估计量会有较大的方差。

本章识别 t^* 的方法是，选取一个相对较早的时点 $\tilde{t}$，对模型进行估计，比较 $\tilde{t}+1$ 期的潜在消费路径和实际消费路径是否吻合。如果吻合，则将消费明显不足的时点设为 $\tilde{t}+1$，重新进行估计，并比较

$\tilde{t}+2$ 期的潜在消费路径和实际消费路径是否吻合。通过这样的递归估计,直到潜在消费路径和实际消费路径具有明显差异,那么此时所选的时点就是 t^*。

进而,基于时点 t^* 及参照国的信息,就可以通过式(6-6)至式(6-9)测算中国居民的潜在消费路径及供需错配度。

四 变量、数据及模型估计

(一)变量和数据说明模型估计

本章的样本区间为1980—2016年的年度数据,所用变量、定义及数据来源如表6-1所示。

表6-1　　　　　　本章所用变量、定义及数据来源

变量符号	变量定义及数据来源
y	人均居民消费[a]
inc	人均国民收入[a]
$psoc$	人均社会保障支出[be]
$pedu$	人均公共教育支出,通过公共教育支出占GDP的比重乘以人均GDP得到[abe]
$phea$	人均公共医疗卫生支出,通过公共医疗卫生支出占GDP的比重乘以人均GDP得到[ac]
age	人口结构,用15—64岁人口占总人口的百分比表示[a]
hp	住房价格指数,以2010年为基期,并取对数[d]
r	利率,用一年期存款利率①与CPI的差值表示[a]

注:①数据来源:a—世界银行的世界发展指标数据库(WDI);b—国际货币基金组织的政府财政统计数据库(GFS);c—世界卫生组织;d—OECD数据库;e—各国统计局网站。②部分国家教育和医疗卫生支出数据不全,本章采用了插值法进行补全。

为了消除不同国家物价水平对居民消费的影响,将居民消费、

---

① 即使选择不同期限的存款利率,也并不影响本章的测算结果。因为不同期限的利率尽管基数大小不一致,但具有相同的时间趋势。

收入水平、社会保障、公共教育支出和公共医疗卫生支出这几个名义变量都按照购买力平价汇率（PPP）转化成2011年不变价国际元①，并进行了对数变换。

至于收入变量用人均国民收入反映，原因在于：第一，世界银行按照人均国民收入对一个国家的经济发展水平进行分组，按照这个标准，中国处于中等收入阶段，用人均国民收入反映收入水平首先是考虑中国当前经济发展阶段；第二，我们同时基于人均GDP指标对模型进行了估计，测算结果与本章中报告的结果基本一致。

需要说明的是，1998年以前，中国实行集资建房、福利分房的政策，有关住房价格的数据不完全且不能反映市场真实的供需状况，这一阶段的住房价格并非影响居民消费的关键因素。1998年后，福利分房政策被取消，住房价格开始市场化，并逐渐作为一种投资需求影响居民消费。所以，式（6-7）中，住房价格变量为交互项形式 $D_t \times hp_t$。其中，D_t 为虚拟变量，在1998年之前为0，之后为1。

（二）模型估计

对于上述中国居民潜在消费路径的估计，具体算法如下。

（1）用面板数据模型（LSDV）和因子模型（主成分分析）对式（6-6）进行迭代估计至收敛，以得到式（6-6）中 μ_i、β'_i、Λ_i、F_t 的估计值 $\hat{\mu}_i$、$\hat{\beta}'_i$、$\hat{\Lambda}_i$、$\hat{F}_t$。

（2）计算 $\tilde{Y}_t$。

（3）将 $\tilde{Y}_t$ 代入式（6-8），并基于 t^* 的估计思想，估计 t^*，得到 $\hat{\alpha}_c$、$\hat{\delta}'_c$、$\hat{\gamma}'_c$。

---

① 1国际元相当于1美元的购买力。

(4) 将估计出的 $\widehat{\alpha}_c$、$\widehat{\delta}'_c$、$\widehat{\gamma}'_c$ 代入式（6-9）中便可以得到 $\widehat{y}^0_{ct}$，进而基于式（6-10）得到 cp_t。

五 中国居民潜在消费路径的测度结果

（一）供需结构呈现明显错配的时点

关于中国消费市场供需结构错配和居民消费不足的具体时点，并没有共识，因为消费不足是一个渐进的过程，很难根据某一阈值进行界定。

1995—2003 年，中国居民消费率出现了一个明显的"M"形调整过程。但是，2003 年后，中国居民消费率出现显著的下滑趋势，并于 2004 年开始逐步创新低，居民的消费结构可能发生了转变。基于上述事实以及杨子晖（2011）、陈斌开等（2014）的观点，本章选取 $\tilde{t}=2004$ 年作为供需结构错配的检验起点。

假设 2004 年是中国供需结构开始明显错配的时点，本章所得到的中国居民的潜在消费路径和供需错配度[①]显示，2004—2005 年中国居民实际消费路径相对于潜在消费路径的偏离不到 2%，也就是说，其间中国并没有明显的源自供需错配的消费不足问题[②]。而 2006 年，中国居民消费不足率约为 10.56%，这之后居民实际消费路径与潜在消费路径开始发生严重背离。

显然，$\tilde{t}=2004$ 并非我们所要估计的消费发生明显供需错配的时点，这一时点可能在 2006 年。本章进一步测算了 $\tilde{t}=2005$、2006、2007 时中国居民的潜在消费路径，用递归估计的方法对中国发生有

[①] 由于数据取了对数，潜在消费的水平值是基于 $y_{c,t}=\exp[\log(\widehat{y_{c,t}})]$ 测算的。同理，消费供需错配度也基于水平值计算。

[②] 参照陈斌开等（2014）的研究，我们以 10% 为临界点，认为消费不足率达到 10% 及以上时，表明该国存在明显的消费不足问题。

效供给不足的时点进行稳健性检验，结果如图6-3所示。

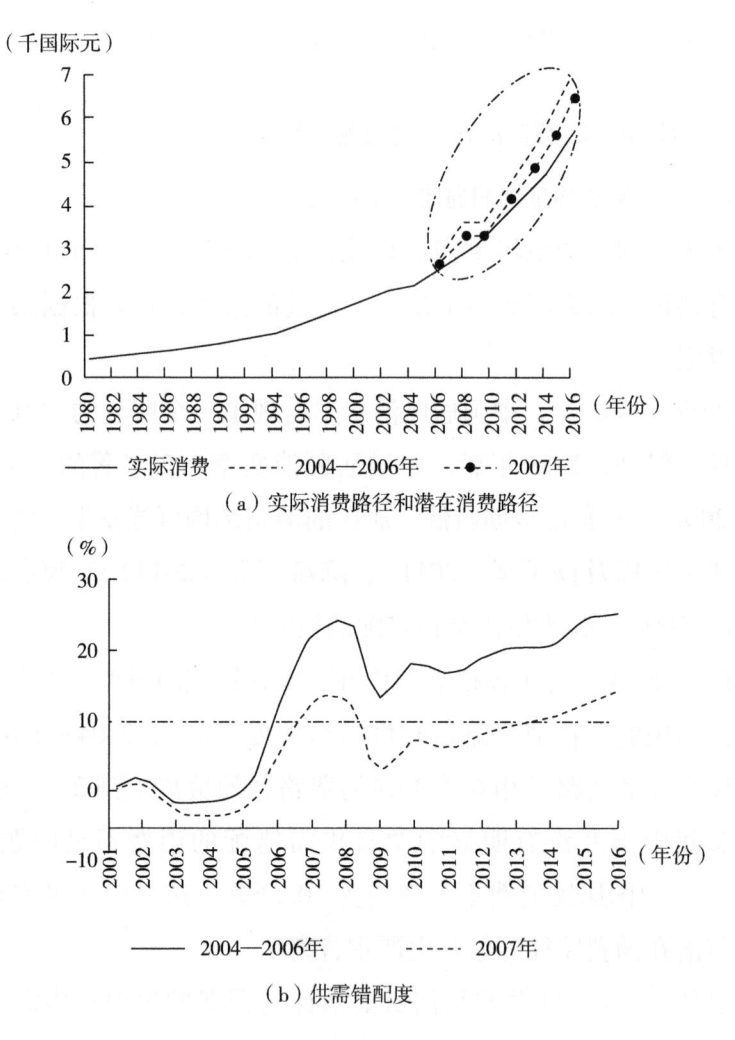

（a）实际消费路径和潜在消费路径

（b）供需错配度

图6-3 不同时点下中国居民的消费路径和供需错配度

结果显示，当 $\tilde{t}=2005$、2006 时，中国居民的潜在消费路径与 $\tilde{t}=2004$ 时几乎完全一致。而且，当 $\tilde{t}=2007$ 时，所测算出的中国居民的潜在消费路径和供需错配度明显低于 $\tilde{t}=2004$、2005、2006 的结果。

综上，可以判断，中国供需结构出现明显错配的具体时点是2006年。

（二）中国居民的潜在消费路径和供需错配度

通过以上分析，我们判定2006年及以后中国消费市场供需结构明显错配。在供需基本匹配的条件下，中国和其他代表性国家居民的消费路径如图6-4所示，供需错配度的测度结果见表6-2。

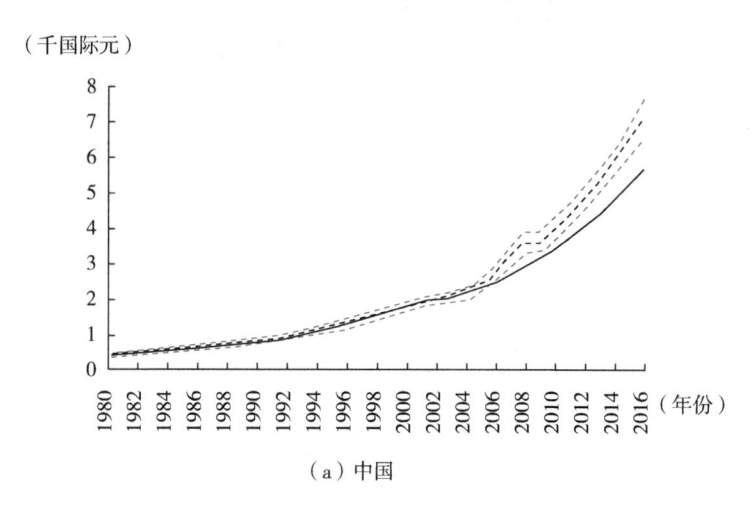

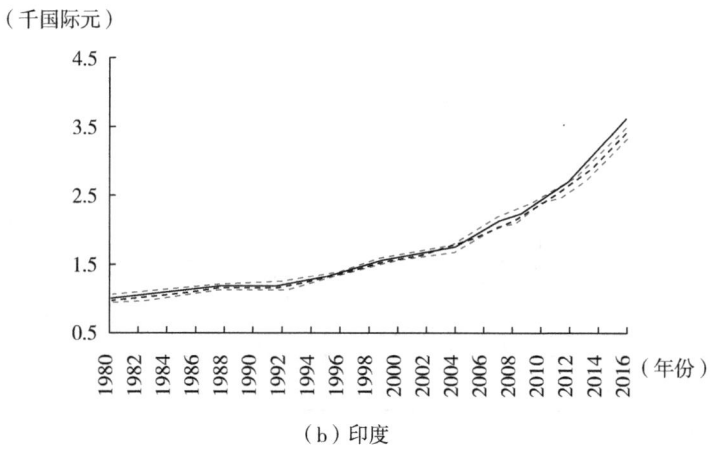

（千国际元）

（a）中国

（千国际元）

（b）印度

（千国际元）

（c）韩国

（千国际元）

（d）南非

—— 实际消费路径 ---- 潜在消费路径 ---- 95%置信区间

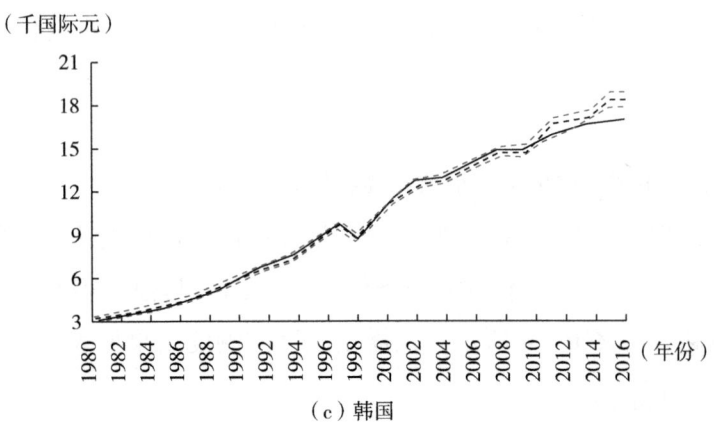

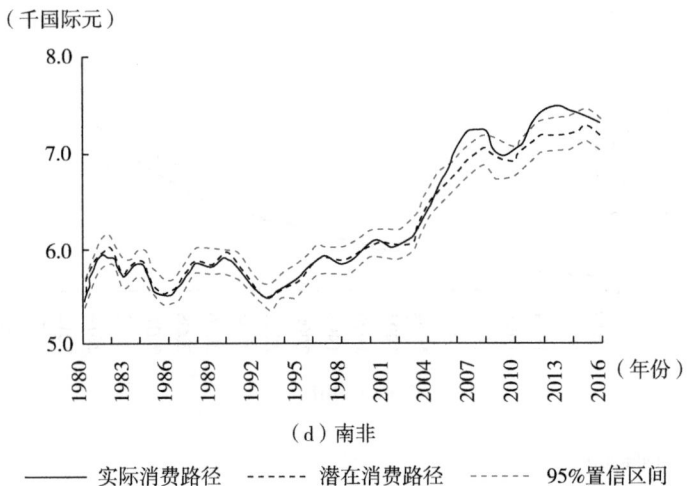

图 6-4　中国和其他代表性国家居民潜在消费路径

表 6-2　　　　　中国和其他代表性国家居民消费供需错配度　　　　单位：%

年份	2006	2007	2008	2009	2010	2011	2012	2013	2014	2015	2016
中国cp^{2006}	10.58**	21.95**	23.90**	13.32**	18.14**	16.41**	19.00**	20.15**	20.67**	24.25**	25.09**
印度cp^{2006}	2.92	4.28	-0.06	-2.20	-0.55	-4.08**	-5.79**	-6.23**	-6.77**	-5.10**	-4.82**
韩国cp^{2006}	-1.40	-2.92	-1.06	-1.27	1.29	4.60**	2.69**	2.68**	3.52**	8.75**	7.91**
南非cp^{2006}	-2.97**	-4.44**	-2.23	-0.33	-1.60	-2.56**	-3.88**	-3.97**	-3.15**	-1.53	-1.67

注：** 表示在5%的水平下显著。

同时，本章估计了中国居民潜在消费路径 95% 的置信区间[①]，以检验潜在消费和实际消费之间的差异是否显著。

结果显示，2006 年之前，中国居民消费供需基本匹配，居民潜在消费和实际消费之间不存在显著差异；2006 年之后，居民潜在消费和实际消费之间的差异显著，消费供需错配，消费不足逐渐凸显。样本期内，中国居民平均消费不足率约为 20%；样本期末的 2016 年，中国居民平均消费不足率约为 25%。

中国居民潜在消费路径的测度结果表明，在供需结构匹配的情形下，中国居民消费有约 20% 的增长空间。把实施扩大内需战略同深化供给侧结构性改革有机结合，中国居民消费能提升约 20%。

（三）稳健性分析

1. 模型预测效果分析

本质上，本章所扩展的 HCW 模型是一个标准的预测模型。与一般的预测模型一样，模型测度效果的优劣主要体现在模型拟合度上，尤其是样本外拟合的效果。即若前 t^*-1 期所拟合得到的 $\hat{y}_{ct}^0$ 与真值 y_{ct} 越接近，则表明模型预测准确度越高。特别是，如果我们基于 t^*-3 期以前的样本数据进行估计，得到的 t^*-1 和 t^*-2 的拟合值与实际值高度吻合，则表明模型具有良好的样本外拟合能力，也表明模型能够较准确地捕捉中国居民消费的动态变化趋势。

本章模型中，$\tilde{t}=2006$ 与 $\tilde{t}=2004$、2005 时，测算出的居民潜在消费与实际消费高度吻合。而且，当 $\tilde{t}=2004$、2005 时，不但 $\tilde{t}$ 之前（样本内）的潜在消费路径与实际消费路径高度吻合，$\tilde{t}$ 至 2005

---

① 在基于式（6-8）至式（6-9）测算潜在消费路径时，因为有效供给因素 $\tilde{Y}_t$ 是估计值而非真实观测值，从而参数估计量的实际分布与理论分布可能不一致。所以，在计算置信区间时，本章采用的是 bootstrap 方法，抽样次数为 500 次。本章后文关于世界其他国家居民潜在消费路径置信区间的测算也采用的是这种方法，不再赘述。

之间（样本外）的潜在消费路径与实际消费路径也非常吻合，表明本章模型的样本外拟合能力较好。

2. 参照国选取的合理性检验

首先，t^*之前，本章模拟的中国居民潜在消费路径对实际消费路径的拟合程度较好，表明合成的参照个体是相对有效的。

其次，本章分别测算了参照国中居民消费率相对较高的美国、适中的德国、偏低的日本这几个代表性国家居民消费的潜在路径和供需错配度。结果（图6-5和表6-3）显示，在样本期内，参照国居民的潜在消费路径和实际消费路径高度一致，表明参照个体的供需是基本匹配的，从而表明本章参照国的选取是合适的，测算结果和分析结论也是可靠的。

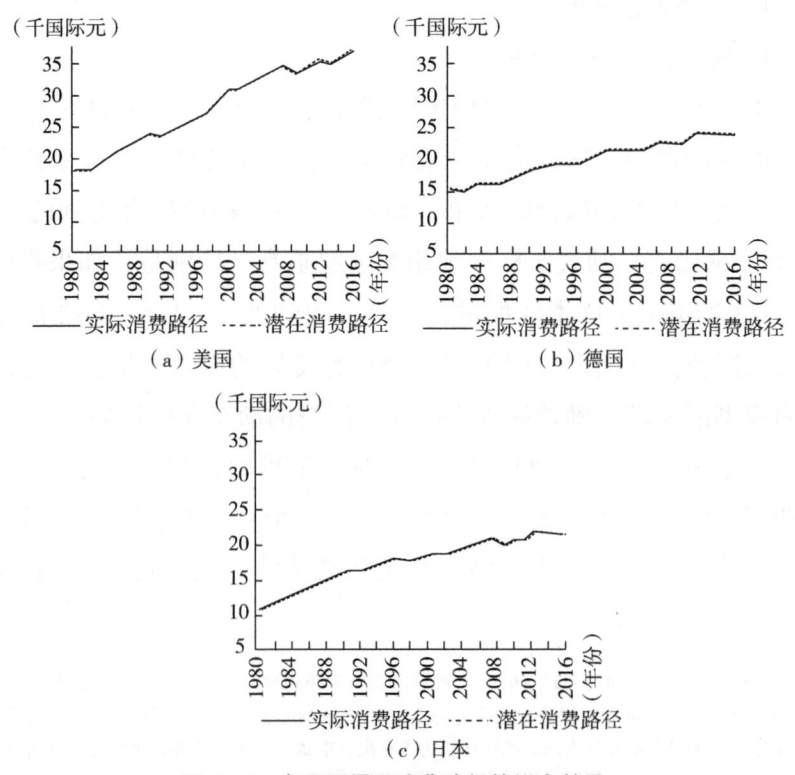

图6-5 参照国居民消费路径的拟合效果

表 6-3　　　　　　　参照国居民消费供需错配度　　　　　　单位：%

年份	2006	2007	2008	2009	2010	2011	2012	2013	2014	2015	2016
美国cp^{2006}	-0.01	-0.61	-0.49	1.11	0.79	0	1.31	1.44	0.62	-0.44	-2.39
德国cp^{2006}	-0.09	-0.40	-1.28	-0.37	0.10	0.31	-0.26	-0.27	0.29	0.16	0.52
日本cp^{2006}	0.60	1.60	2.35	0.99	0.99	0.52	0.07	0.56	0.04	1.69	3.04

注：由于美国、德国和日本居民的潜在消费路径和实际消费路径几乎完全拟合，供需错配度很小，潜在消费路径的置信区间及其与实际消费路径的差异是否显著几乎无意义。因而，本章没有汇报这些国家的置信区间。

六　居民消费供需结构的国际比较

不同国家，由于其所处的经济发展阶段、产业结构、风俗习惯、消费观念等差异，居民消费也有较大差别。本章通过与几个居民消费率显著高于中国、与中国经济发展特征具有一定可比性的代表性国家相比，以求为提升居民消费、扩大内需提供借鉴。

印度与中国都属于新兴市场和发展中国家，而且都是人口大国。但是，印度的居民消费率长期维持在60%以上，20世纪80年代曾接近80%，远高于中国，也略高于OECD国家的平均值。韩国是发达经济体，与中国同属于东亚国家，和中国的地理位置较接近，经济联系也较紧密，其居民消费率平均约为52%，高于中国，但与欧美发达国家的平均值相比略显不足。而南非同中国一样，都属于中等收入国家，其居民消费率则非常稳定地保持在60%左右，显著高于中国，且与欧美国家的平均值接近。

据此，本章通过测度新兴市场人口大国印度、东亚发达经济体韩国、中等收入水平国家南非三个代表性国家居民消费的供需错配度，为中国扩大内需提供经验借鉴[1]。同时，也进一步验证本章测算方法的适用性。

---

[1]　美国、德国、日本等国家被选为用来合成参照个体的参照国，所以不再适合作为国际对比分析的对象。而且，相对而言，韩国、印度和南非与中国具有更强的可比性。

本章得到的印度、韩国和南非的居民消费潜在路径和供需错配度分别如图 6-4（b）—（d）和表 6-2 所示。可以得出以下结论。

（一）韩国：居民消费略显不足

韩国从 2010 年后表现出轻微的居民消费不足，但都在 10% 以内。2015 年韩国的消费不足率最高，不过仅为 8.75%。

韩国是典型的短期内成功跨越中等收入陷阱，成为高收入国家的发达经济体。1977 年，韩国人均 GDP 约为美国的 20%，正式进入中等收入国家行列。1980 年石油危机后，韩国利用"低油价、低利率、低韩元"三大红利大力发展本国经济，不仅促进经济从农业向制造业，进而向服务业升级，而且积极吸收国外先进技术和经验，促进制造业内部结构升级，培育出了三星、现代、LG 等一批国际知名企业。到 20 世纪 80 年代后期，韩国采取加大 R&D 投入和促进技术革新、提高生产率的方式逐渐摆脱了靠投资拉动经济增长的软肋，持续促进本国经济增长。同时，韩国的人力资本和居民福利都有了进一步提升，居民消费率长期在 50% 以上。

尽管经济体规模有较大差异，但韩国通过加大研发和技术创新促进制造业结构升级和品牌培育的经验，值得中国借鉴，是提升居民消费需求、跨越中等收入陷阱的有效途径。

（二）南非：居民消费潜在路径与实际路径基本吻合

南非存在轻微的居民过度消费现象，但过度消费率在 5% 以内。可见，南非消费市场的供需结构整体是基本匹配的。

南非是非洲经济最发达、生产力最高、产业结构最合理的国家。20 世纪初期，南非利用其丰富的矿产资源，大力发展化工业和重化工业，并于20世纪70年代中后期发展为中等发达国家。但是，20世纪80年代后，受多种因素影响，南非的经济增长陷入长期停滞，是典型的陷入中等收入陷阱的国家之一。

因而，尽管南非居民消费供需是基本匹配的，但南非经济的动态演化路径需要同为中等收入国家的中国引以为戒。

（三）印度：居民消费略微过度

印度从2011年开始存在轻微的居民过度消费。2011年，印度的过度消费率为4.08%；之后略有扩大，2014年最高，约为6.8%；在样本期末的2016年，过度消费率为4.8%。

20世纪八九十年代，印度还是一个相对贫穷的国家。经济发展缓慢，与刚性的居民基本生活需求之间存在矛盾，导致居民消费占GDP的比重较高，约为80%。进入21世纪，印度凭借信息技术，经济取得了较快发展，形成了以服务业为主的产业结构。但是，印度的农业和工业发展十分滞后，其产业结构中服务业占比高达58%，而农业和工业占比分别约为20%、22%。发达的服务业和滞后的农业与工业可能是印度消费占比较高的原因之一。

尽管印度居民消费的错配度相对较低，但其经济发展滞后于中国。显然，对于发展中国家而言，制造业和农业的基础性作用不容忽视。

综上，本章分别测算了新兴市场国家印度、发达国家韩国及中等收入国家南非居民消费的供需错配度，与其现实特征基本一致，表明本章居民潜在消费的测算方法具有适用性。

同时，相关国家的发展经验表明，制造业结构升级和品牌培育是匹配居民消费需求、提升中国经济长期增长空间的有效途径。

七 结论及启示

本章从供需结构匹配的视角，运用引入个体因素的 HCW 模型，测算中国居民消费的供需错配度及对应时点，以及供需基本匹配条件下中国居民的潜在消费路径。

本章的主要结论如下。

(1) 中国从 2006 年开始呈现明显的供需结构错配现象。自 2006 年以来，居民消费不足率平均为 20%。在样本期末的 2016 年，中国居民的消费不足率为 25%。即在供需基本匹配的条件下，中国居民消费有约 20% 的提升空间。

(2) 本章同时测算了与中国经济具有一定可比性的部分国家的居民消费潜在路径。对比分析表明，对中国这样的人口大国，制造业结构升级和品牌培育是匹配居民消费需求、提升经济长期增长空间的有效途径。

结　语

中国式现代化是全体人民共同富裕的现代化,是物质文明和精神文明相协调的现代化。居民消费升级既是中国式现代化的客观要求,也是经济高质量发展的重要动力来源。而提升居民消费能力和消费结构,需要对居民消费的行为特征有全面准确的认识。正确认识居民消费—储蓄的行为特征及其结构分化规律,是推进全面乡村振兴、消除消费不平等和财富不平等,实现共同富裕的前提条件。

首先,本书基于结构模型准确测度中国城乡居民消费行为的基本结构参数,特别是老年人的行为特征,并对各种居民消费制约因素进行反事实模拟和效应评估。一方面,对中国居民消费的基本特征进行了准确的刻画;另一方面,为中国宏观经济模型提供了参数校准的依据。

其次,鉴于中国农村居民宗族聚居的现实特征,本书从社会网络的视角分析了群组因素在农村居民消费行为中的微观作用机制。

再次,鉴于烟酒等社交—成瘾性消费在中国居民社会活动中的特殊地位,本书还深入分析了此类消费的偏好迁移、社会经济成本及管控策略。

最后，本书从供给侧与需求侧动态匹配的角度，测算了中国居民的潜在消费路径，识别了消费市场供需错配的关键诱发因素，提出了潜在消费空间的实现策略。

上述研究内容对中国居民消费行为进行了完整的刻画，为全面认识中国居民消费的行为特征、结构分化和趋势演变提供了系统化的信息，为消费升级和社会保障等政策提供了有针对性的设计依据和实施建议。

参考文献

一 中文文献

白重恩、李宏彬、吴斌珍:《医疗保险与消费:来自新型农村合作医疗的证据》,《经济研究》2012年第2期。

蔡伟贤、朱峰:《"新农合"对农村居民耐用品消费的影响》,《数量经济技术经济研究》2015年第5期。

陈东、刘金东:《农村信贷对农村居民消费的影响——基于状态空间模型和中介效应检验的长期动态分析》,《金融研究》2013年第6期。

陈彦斌、邱哲圣:《高房价如何影响居民储蓄率和财产不平等》,《经济研究》2011年第10期。

陈斌开、杨汝岱:《土地供给、住房价格与中国城镇居民储蓄》,《经济研究》2013年第1期。

陈斌开、陈琳、谭安邦:《理解中国消费不足:基于文献的评述》,《世界经济》2014年第7期。

陈斌开、林毅夫:《金融抑制、产业结构与收入分配》,《世界经济》2012年第1期。

陈健、黄少安：《遗产动机与财富效应的权衡：以房养老可行吗?》，《经济研究》2013年第9期。

程令国、张晔、沈可：《教育如何影响了人们的健康？——来自中国老年人的证据》，《经济学（季刊）》2015年第1期。

范子英、刘甲炎：《为买房而储蓄——兼论房产税改革的收入分配效应》，《管理世界》2015年第5期。

甘犁、赵乃宝、孙永智：《收入不平等、流动性约束与中国家庭储蓄率》，《经济研究》2018年第12期。

高松、刘宏、孟祥轶：《烟草需求、烟草税及其在中国的影响：基于烟草成瘾模型的经验研究》，《世界经济》2010年第10期。

关伟钧：《理顺糖烟酒商品价格　发挥国营商业主渠道作用》，《南方经济》1985年第4期。

巩师恩、范从来：《收入不平等、信贷供给与消费波动》，《经济研究》2012年第S1期。

郭旭：《中国近代酒业发展与社会文化变迁研究》，博士学位论文，江南大学，2015年。

何代欣：《大国转型与扩大内需：中国结构性改革的内在逻辑》，《经济学家》2017年第8期。

何明升：《关于消费生活的系统模型与实证分析——中国、日本两项研究的比较》，《社会学研究》1996年第5期。

何兴强、杨锐锋：《房价收入比与家庭消费——基于房产财富效应的视角》，《经济研究》2019年第12期。

胡培兆：《论有效供给》，《经济学家》1999年第3期。

黄祖辉、金铃、陈志钢、喻冰心：《经济转型时期农户的预防性储蓄强度：来自浙江省的证据》，《管理世界》2011年第5期。

惠炜、惠宁：《消费平滑理论研究新进展》，《经济学动态》2016年第

2 期。

江天星、孟志青：《多元线性回归在大众化中式餐饮顾客偏好中的应用》，《经营与管理》2016 年第 5 期。

雷震、张安全：《预防性储蓄的重要性研究：基于中国的经验分析》，《世界经济》2013 年第 6 期。

黎娇龙、杨继生：《社交—成瘾性消费的偏好迁移、收入效应及隐性成本》，《经济学动态》2017 年第 7 期。

李斌：《投资、消费与中国经济的内生增长：古典角度的实证分析》，《管理世界》2004 年第 9 期。

李宏彬、施新政、吴斌珍：《中国居民退休前后的消费行为研究》，《经济学（季刊）》2015 年第 1 期。

李蕾、吴斌珍：《家庭结构与储蓄率 U 型之谜》，《经济研究》2014 年第 S1 期。

李雪松、黄彦彦：《房价上涨、多套房决策与中国城镇居民储蓄率》，《经济研究》2015 年第 9 期。

李涛、陈斌开：《家庭固定资产、财富效应与居民消费：来自中国城镇家庭的经验证据》，《经济研究》2014 年第 3 期。

凌晨、张安全：《中国城乡居民预防性储蓄研究：理论与实证》，《管理世界》2012 年第 11 期。

刘地久：《改善供给：扩大需求，促进增长的根本出路》，《管理世界》2001 年第 6 期。

刘生龙、胡鞍钢、郎晓娟：《预期寿命与中国家庭储蓄》，《经济研究》2012 年第 8 期。

刘虹：《政府控制烟草消费的经济学依据》，《经济评论》2007 年第 2 期。

刘晓鸥、孙圣民：《消费理性成瘾、公共健康与政府行为——基于消费者对碳酸饮料过度消费行为的案例研究》,《经济学（季刊）》2012年第1期。

柳影：《家庭交际消费问题的研究》,《现代交际》2012年第2期。

骆竹梅、吴文旭：《有效供给不足抑制中国消费需求——从长短期消费函数看消费不足的问题》,《经济与管理》2005年第8期。

吕冰洋、毛捷：《高投资、低消费的财政基础》,《经济研究》2014年第5期。

马光荣、周广肃：《新型农村养老保险对家庭储蓄的影响：基于CFPS数据的研究》,《经济研究》2014年第11期。

毛中根：《着力增强消费对经济增长的贡献》,《经济学家》2015年第12期。

孟祥轶、杨大勇、于婧：《中国城市炫耀性消费的特征及决定因素——基于北京市家庭数据的实证分析》,《经济研究》2010年第S1期。

彭方平、王少平：《我国货币政策的微观效应——基于非线性光滑转换面板模型的实证研究》,《金融研究》2007年第9期。

宋泽、邹红：《增长中的分化：同群效应对家庭消费的影响研究》,《经济研究》2021年第1期。

孙伟增、邓筱莹、万广华：《住房租金与居民消费：效果、机制与不均等》,《经济研究》2020年第12期。

万广华、张茵、牛建高：《流动性约束、不确定性与中国居民消费》,《经济研究》2001年第11期。

汪伟：《经济增长、人口结构变化与中国高储蓄》,《经济学（季刊）》2010年第1期。

汪伟、艾春荣：《人口老龄化与中国储蓄率的动态演化》,《管理世界》2015年第6期。

汪伟、艾春荣、曹晖：《税费改革对农村居民消费的影响研究》，《管理世界》2013 年第 1 期。

汪伟、郭新强、艾春荣：《融资约束、劳动收入份额下降与中国低消费》，《经济研究》2013 年第 11 期。

王宁：《消费与认同——对消费社会学的一个分析框架的探索》，《社会学研究》2001 年第 1 期。

王晟、蔡明超：《中国居民风险厌恶系数测定及影响因素分析——基于中国居民投资行为数据的实证研究》，《金融研究》2011 年第 8 期。

魏下海、余玲铮：《我国城镇正规就业与非正规就业工资差异的实证研究——基于分位数回归与分解的发现》，《数量经济技术经济研究》2012 年第 1 期。

徐润、陈斌开：《个人所得税改革可以刺激居民消费吗？——来自 2011 年所得税改革的证据》，《金融研究》2015 年第 11 期。

徐舒：《不规则数据下居民收入冲击的分解与估计》，《管理世界》2010 年第 9 期。

徐舒、赵绍阳：《养老金"双轨制"对城镇居民生命周期消费差距的影响》，《经济研究》2013 年第 1 期。

徐舒、朱南苗：《异质性要素回报、随机冲击与残差收入不平等》，《经济研究》2011 年第 8 期。

徐朝阳：《供给抑制政策下的中国经济》，《经济研究》2014 年第 7 期。

许玲丽、龚关、周亚虹：《老年居民健康波动、医疗支出风险与医疗保险风险分担》，《财经研究》2012 年第 10 期。

许志伟、刘建丰：《收入不确定性、资产配置与货币政策选择》，《经济研究》2019 年第 5 期。

杨功焕、胡鞍钢主编：《控烟与中国未来——中外专家中国烟草使用与烟草控制联合评估报告》，经济日报出版社 2011 年版。

杨继生、黎娇龙：《供需匹配与潜在居民消费路径》，《中山大学学报》（社会科学版）2024 年第 2 期。

杨继生、万越：《中国人口政策的变轨效应》，《华中科技大学学报》（社会科学版）2016 年第 1 期。

杨继生、邹建文：《居民消费平滑及其结构异质性——基于生命周期模型的分析》，《经济研究》2020 年第 11 期。

杨继生、邹建文：《人口老龄化、老年人消费及其结构异质性——基于时变消费效用的分析》，《经济学动态》2021 年第 11 期。

杨汝岱、朱诗娥：《公平与效率不可兼得吗？——基于居民边际消费倾向的研究》，《经济研究》2007 年第 12 期。

杨子晖：《政府债务、政府消费与私人消费非线性关系的国际研究》，《金融研究》2011 年第 11 期。

叶春辉、封进、王晓润：《收入、受教育水平和医疗消费：基于农户微观数据的分析》，《中国农村经济》2008 年第 8 期。

叶德珠、连玉君、黄有光、李东辉：《消费文化、认知偏差与消费行为偏差》，《经济研究》2012 年第 2 期。

易行健、杨碧云：《世界各国（地区）居民消费率决定因素的经验检验》，《世界经济》2015 年第 1 期。

易祯、朱超：《人口结构与金融市场风险结构：风险厌恶的生命周期时变特征》，《经济研究》2017 年第 9 期。

尹志超、甘犁：《香烟、美酒和收入》，《经济研究》2010 年第 10 期。

尹志超、张诚：《女性劳动参与对家庭储蓄率的影响》，《经济研究》2019 年第 4 期。

余向华、陈雪娟：《中国劳动力市场的户籍分割效应及其变迁——工资差异与机会差异双重视角下的实证研究》，《经济研究》2012

年第 12 期。

岳爱、杨矗、常芳等:《新型农村社会养老保险对家庭日常费用支出的影响》,《管理世界》2013 年第 8 期。

张川川、John Giles、赵耀辉:《新型农村社会养老保险政策效果评估——收入、贫困、消费、主观福利和劳动供给》,《经济学(季刊)》2015 年第 1 期。

张光利、刘小元:《住房价格与居民风险偏好》,《经济研究》2018 年第 1 期。

张琳琬、吴卫星:《风险态度与居民财富——来自中国微观调查的新探究》,《金融研究》2016 年第 4 期。

臧旭恒、张欣:《中国家庭资产配置与异质性消费者行为分析》,《经济研究》2018 年第 3 期。

周密、朱俊丰、郭佳宏:《供给侧结构性改革的实施条件与动力机制研究》,《管理世界》2018 年第 3 期。

周绍杰:《中国城市居民的预防性储蓄行为研究》,《世界经济》2010 年第 8 期。

周世军、周勤:《户籍制度、非农就业"双重门槛"与城乡户籍工资不平等——基于 CHNS 微观数据的实证研究》,《金融研究》2012 年第 9 期。

周业安、左聪颖、陈叶烽、连洪泉、叶航:《具有社会偏好个体的风险厌恶的实验研究》,《管理世界》2012 年第 6 期。

邹红、李奥蕾、喻开志:《消费不平等的度量、出生组分解和形成机制——兼与收入不平等比较》,《经济学(季刊)》2013 年第 4 期。

邹红、喻开志、李奥蕾:《消费不平等问题研究进展》,《经济学动态》2013 年第 11 期。

邹红、喻开志:《退休与城镇家庭消费:基于断点回归设计的经验证据》,《经济研究》2015年第1期。

二 英文文献

Aaberge R. et al. , "Political Uncertainty and Household Savings", *Journal of Comparative Economics*, Vol. 45, No. 1, 2017, pp. 154 – 170.

Abel A. , "Asset Prices under Habit Formation and Catching up with the Joneses", *American Economic Review*, Vol. 80, 1990, pp. 38 – 42.

Alan S. and Browning M. , "Estimating Intertemporal Allocation Parameters Using Synthetic Residual Estimation", *The Review of Economic Studies*, Vol. 77, No. 4, 2010, pp. 1231 – 1261.

Alan S. , "Do Disaster Expectations Explain Household Portfolios?", *Quantitative Economics*, Vol. 3, No. 1, 2012, pp. 1 – 28.

Alan S. , Browning M. and Ejrnæs M. , "Income and Consumption: A Microsemistructural Analysis with Pervasive Heterogeneity", *Journal of Political Economy*, Vol. 126, No. 5, 2018, pp. 1827 – 1864.

Akerlof G. A. , "Procrastination and Obedience", *American Economic Review*, Vol. 81, No. 2, 1991, pp. 1 – 19.

Ameriks J. et al. , "The Joy of Giving or Assisted Living? Using Strategic Surveys to Separate Public Care Aversion from Bequest Motives", *The Journal of Finance*, Vol. 66, No. 2, 2011, pp. 519 – 561.

Ameriks J. et al. , "Long-Term-Care Utility and Late-in-Life Saving", *Journal of Political Economy*, Vol. 128, No. 6, 2020, pp. 2375 –

2451.

Auld M. C. , "Smoking, Drinking, and Income", *Journal of Human Resources*, Vol. 40, No. 2, 2005, pp. 505 – 518.

Attanasio O. P. and Pavoni N. , "Risk Sharing in Private Information Models with Asset Accumulation: Explaining the Excess Smoothness of Consumption", *Econometrica*, Vol. 79, No. 4, 2011, pp. 1027 – 1068.

Bai J. , "Panel Data Models with Interactive Fixed Effects", *Econometrica*, Vol. 77, No. 4, 2009, pp. 1229 – 1279.

Bai C. E. , Q. Li and M. Ouyang, "Property Taxes and Home Prices: A Tale of Two Cities" , *Journal of Econometrics*, Vol. 150, No. 1, 2014, pp. 1 – 15.

Banerjee A. V. , "A Simple Model of Herd Behavior", *The Quarterly Journal of Economics*, Vol. 107, No. 3, 1992, pp. 797 – 817.

Banerjee, Abhijit V. and X. Meng et al. , "Aggregate Fertility and Household Savings: A General Equilibrium Analysis Using Micro Data", NBER Working Paper, 2014.

Battistin E. , A. Brugiavini and E. Rettore et al. , "The Retirement Consumption Puzzle: Evidence from a Regression Discontinuity Approach", *American Economic Review*, Vol. 99, No. 5, 2009, pp. 2209 – 2226.

Bask M. and M. Melkersson, "Rationally Addicted to Drinking and Smoking", *Applied Economics*, Vol. 36, No. 4, 2004, pp. 373 – 381.

Baum-Baicker C. , "The Psychological Benefits of Moderate Alcohol Consumption: A Review of the Literature", *Drug and Alcohol Dependence*, Vol. 15, No. 4, 1985, pp. 305 – 322.

Becker G. S. , "Investment in Human Capital: A Theoretical Analysis", *Journal of Political Economy*, Vol. 70, No. 5, 1962, pp. 9 – 49.

Becker G. S. and K. M. Murphy, "A Theory of Rational Addiction", *Journal of Political Economy*, Vol. 96, No. 4, 1988, pp. 675 – 700.

Becker G. S. , Grossman M. and Murphy K. M. , "An Empirical Analysis of Cigarette Addiction", NBER Working Paper, 1990, No. 3322.

Becker G. S. , Grossman M. and Murphy K. M. , "Rational Addiction and the Effect of Price on Consumption", *American Economic Review*, Vol. 81, No. 2, 1991, pp. 237 – 241.

Bénabou R. and J. Tirole, "Incentives and Prosocial Behavior", *American Economic Review*, Vol. 96, No. 5, 2006, pp. 1652 – 1678.

Bernheim B. D. , "A Theory of Conformity", *Journal of Political Economy*, Vol. 102, No. 5, 1994, pp. 841 – 877.

Bertrand M. and A. Morse, "Trickle-Down Consumption", *The Review of Economics and Statistics*, Vol. 98, No. 5, 2016, pp. 863 – 879.

Bisin A. , U. Horst and O. Özgür, "Rational Expectations Equilibria of Economies with Local Interactions", *Journal of Economic Theory*, Vol. 127, No. 1, 2006, pp. 74 – 116.

Blume L. E. , W. A. Brock and S. N. Durlauf et al. , "Linear Social Interactions Models", *Journal of Political Economy*, Vol. 123, No. 2, 2015, pp. 444 – 496.

Blundell R. , Pistaferri L. and Preston I. , "Consumption Inequality and Partial Insurance", *American Economic Review*, Vol. 98, No. 5, 2008, pp. 1887 – 1921.

Blundell R. , Pistaferri L. and Saporta-Eksten I. , "Consumption Inequality and Family Labor Supply", *American Economic Review*, Vol. 106, No. 2, 2016, pp. 387 – 435.

Blundell R., Costa Dias M. and Meghir C. et al., "Female Labor Supply, Human Capital, and Welfare Reform", *Econometrica*, Vol. 84, No. 5, 2016, pp. 1705 – 1753.

Blundell R., Pistaferri L. and Saporta-Eksten I., "Children, Time Allocation and Consumption Insurance", *Journal of Political Economy*, Vol. 126, No. S1, 2018, pp. S73 – S115.

Bramoullé Y., H. Djebbari and B. Fortin, "Identification of Peer Effects Through Social Networks", *Journal of Econometrics*, Vol. 150, No. 1, 2009, pp. 41 – 55.

Boucher V., "Conformism and Self – selection in Social Networks", *Journal of Public Economics*, Vol. 136, 2016, pp. 30 – 44.

Bursztyn L., F. Ederer and B. Ferman et al., "Understanding Mechanisms Underlying Peer Effects: Evidence from a Field Experiment on Financial Decisions", *Econometrica*, Vol. 82, No. 4, 2014, pp. 1273 – 1301.

Cagetti M., "Wealth Accumulation over the Life Cycle and Precautionary Savings", *Journal of Business & Economic Statistics*, Vol. 21, No. 3, 2003, pp. 339 – 353.

Carlos Córdoba J. and M. Ripoll, "The Elasticity of Intergenerational Substitution, Parental Altruism, and Fertility Choice", *The Review of Economic Studies*, Vol. 86, No. 5, 2019, pp. 1935 – 1972.

Carroll C. D., "Buffer – Stock Saving and the Life Cycle/Permanent Income Hypothesis", *The Quarterly Journal of Economics*, Vol. 112, No. 1, 1997, pp. 1 – 55.

Carroll C. D., "The Method of Endogenous Gridpoints for Solving Dynamic Stochastic Optimization Problems", *Economics letters*, Vol. 91, No. 3, 2006, pp. 312 - 320.

Carroll C. D., J. Overland and D. N. Weil, "Saving and Growth with Habit Formation", *American Economic Review*, Vol. 90, No. 3, 2000, pp. 341 - 355.

Chaloupka F. J., "Men, Women, and Addiction: The Case of Cigarettesmoking", NBER Working Paper, 1990, No. 3267.

Chaloupka F. J., "Rational Addictive Behavior and Cigarette Smoking", *Journal of Political Economy*, Vol. 99, No. 4, 1991, pp. 722 - 742.

Chamon M. D. and Prasad E. S., "Why are Saving Rates of Urban Households in China Rising?", *American Economic Journal: Macroeconomics*, Vol. 2, No. 1, 2010, pp. 93 - 130.

Chamon M., Liu K. and Prasad E., "Income Uncertainty and Household Savings in China", *Journal of Development Economics*, Vol. 103, 2013, pp. 164 - 177.

Chang Y., Hong J. H. and Karabarbounis M., "Labor Market Uncertainty and Portfolio Choice Puzzles", *American Economic Journal: Macroeconomics*, Vol. 10, No. 2, 2018, pp. 222 - 262.

Choi H., Lugauer S. and Mark N. C., "Precautionary Saving of Chinese and US Households", *Journal of Money, Credit and Banking*, Vol. 49, No. 4, 2017, pp. 635 - 661.

Choukhmane T. et al., "The One-Child Policy and Household Savings", Working Paper, 2017.

Cooper R. and G. Zhu, "Household Finance in China", NBER Working

Paper, 2018, No. w23741.

Cordoba J. C. and M. Ripoll, "Risk Aversion and the Value of Life", *Review of Economic Studies*, Vol. 84, No. 4, 2017, pp. 1472 – 1509.

Cornelissen T. C. , "Dustmann, and U. Schönberg. Peer Effects in the Workplace", *American Economic Review*, Vol. 107, No. 2, 2017, pp. 425 – 456.

Curtis C. C. , Lugauer S. and Mark N. C. , "Demographic Patterns and Household Saving in China", *American Economic Journal: Macroeconomics*, Vol. 7, No. 2, 2015, pp. 58 – 94.

De Giorgi G. , A. Frederiksen and L. Pistaferri, "Consumption Network Effects", *The Review of Economic Studies*, Vol. 87, No. 1, 2020, pp. 130 – 163.

De Nardi M. , "Wealth Inequality and Intergenerational Links", *The Review of Economic Studies*, Vol. 71, No. 3, 2004, pp. 743 – 768.

De Nardi M. , French E. and Jones J. B. , "Why do the Elderly Save? The Role of Medical Expenses", *Journal of Political Economy*, Vol. 118, No. 1, 2010, pp. 39 – 75.

De Nardi M. , French E. and Jones J. B. , "Savings after Retirement: A Survey", *Annual Review of Economics*, Vol. 8, 2016a, pp. 177 – 204.

De Nardi M. , French E. and Jones J. B. , "Medicaid Insurance in Old Age", *American Economic Review*, Vol. 106, No. 11, 2016b, pp. 3480 – 3520.

Ding H. and He H. , "A Tale of Transition: An Empirical Analysis of Economic Inequality in Urban China, 1986 – 2009", *Review of*

Economic Dynamics, 2018: 106 – 137.

Dobrescu L. I., Fan X. and Bateman H. et al., "Retirement Savings: A Tale of Decisions and Defaults", *The Economic Journal*, Vol. 128, No. 610, 2017, pp. 1047 – 1094.

Du Z. and Zhang L., "Home – Purchase Restriction, Property Tax and Housing Price in China: A Counterfactual Analysis", *Journal of Econometrics*, Vol. 188, No. 2, 2015, pp. 558 – 568.

Ellison G. and D. Fudenberg, "Word – of – Mouth Communication and Social Learning", *The Quarterly Journal of Economics*, Vol. 110, No. 1, 1995, pp. 93 – 125.

French E., "The Effects of Health, Wealth, and Wages Onlabour Supply and Retirement Behavior", *The Review of Economic Studies*, Vol. 72, No. 2, 2005, pp. 395 – 427.

French E. and J. B. Jones, "On the Distribution and Dynamics of Health Care Costs", *Journal of Applied Econometrics*, Vol. 19, No. 6, 2004, pp. 705 – 721.

French E. and Jones J. B., "The Effects of Health Insurance and Self – Insurance on Retirement Behavior", *Econometrica*, Vol. 79, No. 3, 2011, pp. 693 – 732.

French M. T. and G. A. Zarkin, "Is Moderate Alcohol Use Related to Wages? Evidence from Four Worksites", *Journal of Health Economics*, Vol. 14, No. 3, 1995, pp. 319 – 344.

Fujiki H. and Hsiao C., "Disentangling the Effects of Multiple Treatments—Measuring the Net Economic impact of the 1995 Great Hanshin-Awaji Earthquake", *Journal of Econometrics*, Vol. 186, No. 1, 2015, pp. 66 – 73.

Ge S., Yang D. T. and Zhang J., "Population Policies, Demographic Structural Changes, and the Chinese Household Saving Puzzle", *European Economic Review*, Vol. 101, 2018, pp. 181 – 209.

Gourinchas P. O. and Parker J. A., "Consumption over the Life Cycle", *Econometrica*, Vol. 70, No. 1, 2002, pp. 47 – 89.

Guidetti M., N. Cavazza and M. Conner, "Social Influence Processes on Adolescents Food Likes and Consumption: The Role of Parental Authoritativeness and Individual Self – Monitoring", *Journal of Applied Social Psychology*, Vol. 46, No. 2, 2016, pp. 114 – 128.

Guvenen F. and Smith A. A., "Inferring Labor Income Risk and Partial Insurance from Economic Choices", *Econometrica*, Vol. 82, No. 6, 2014, pp. 2085 – 2129.

Grinblatt M., M. Keloharju and S. Ikäheimo, "Social Influence and Consumption: Evidence from the Automobile Purchases of Neighbors", *Review of Economics and Statistics*, Vol. 90, No. 4, 2008, pp. 735 – 753.

He H., Huang F. and Liu Z. et al., "Breaking the 'Iron Rice Bowl': Evidence of Precautionary Savings from Thechinese State-Owned Enterprises Reform", *Journal of Monetary Economics*, Vol. 94, 2018, pp. 94 – 113.

He X. and Cao Y., "Understanding High Saving Rate in China", *China & World Economy*, Vol. 15, No. 1, 2007, pp. 1 – 13.

Heathcote J., Storesletten K. and Violante G. L., "Consumption and Labor Supply with Partial Insurance: An Analytical Framework", *American Economic Review*, Vol. 104, No. 7, 2014, pp. 2075 – 2126.

Heien D. M. , "Do Drinkers Earn Less?", *Southern Economic Journal*, Vol. 63, No. 1, 1996, pp. 60 – 68.

Heineck G. and J. Schwarze, "Substance Use and Earnings: The Case of Smokers in Germany", IZA Discussion Paper, 2003, No. 743.

Ho T. W. , "The Government Spending and Private Consumption: A Panel Cointegration Analysis", *International Review of Economics & Finance*, Vol. 10, No. 1, 2001, pp. 95 – 108.

Hodgson T. A. , "Cigarette Smoking and Lifetime Medical Expenditures", *Milbank Quarterly*, Vol. 70, No. 1, 1992, pp. 81 – 125.

House J. S. , Landis K. R. and Umberson D. , "Social Relationships and Health", *Science*, Vol. 241, No. 4865, 1988, pp. 540 – 545.

Hsiao C. H. , S. Ching and S. K. Wan, "A Panel Data Approach for Program Evaluation: Measuring the Benefits of Political and Economic Integration of Hong Kong with Mainland and China", *Journal of Applied Econometrics*, Vol. 27, No. 5, 2012, pp. 705 – 740.

İmrohoroglu A. and K. Zhao, "The Chinese Saving Rate Long-Term Care Risks, Family Insurance, and Demographics", *Journal of Monetary Economics*, Vol. 96, 2018, pp. 33 – 52.

Kaplan G. and Violante G. L. , "How Much Consumption Insurance Beyond Self-Insurance?", *American Economic Journal: Macroeconomics*, Vol. 2, No. 4, 2010, pp. 53 – 87.

Kaufmann K. and Pistaferri L. , "Disentangling Insurance and Information in Intertemporal Consumption Choices", *American Economic Review*, Vol. 99, No. 2, 2009, pp. 387 – 92.

Keys B. J. , D. G. Pope and J. C. Pope, "Failure to Refinance", *Journal of*

Financial Economics, Vol. 122, No. 3, 2016, pp. 482 – 499.

Kopczuk W. and J. P. Lupton, "To Leave or Not to Leave: The Distribution of Bequest Motives", *The Review of Economic Studies*, Vol. 74, No. 1, 2007, pp. 207 – 235.

Kopecky K. A. and T. Koreshkova, "The Impact of Medical and Nursing Home Expenses on Savings", *American Economic Journal: Macroeconomics*, Vol. 6, No. 3, 2014, pp. 29 – 72.

Kristein M. M., "How Much Can Business Expect to Profit from Smoking Cessation?", *Preventive Medicine*, Vol. 12, No. 2, 1983, pp. 358 – 381.

Kuhn P., P. Kooreman and A. Soetevent et al., "The Effects of Lottery Prizes on Winners and Their Neighbors: Evidence from the Dutch Postcode Lottery", *American Economic Review*, Vol. 101, No. 5, 2011, pp. 2226 – 2247.

Laibson D., Maxted P. and Repetto A. et al., "Estimating Discount Functions with Consumption Choices over the Lifecycle", Working Paper, 2015.

Lancaster G., P. Maitra and R. Ray, "Household Expenditure Patterns and Gender Bias: Evidence from Selected Indian States", *Oxford Development Studies*, Vol. 36, No. 2, 2008, pp. 133 – 157.

Lee L., "Identification and Estimation of Econometric Models with Group Interactions, Contextual Factors and Fixed Effects", *Journal of Econometrics*, Vol. 140, No. 2, 2007, pp. 333 – 374.

Lee L., X. Liu and X. Lin, "Specification and Estimation of Social Interaction Models with Network Structures", *The Econometrics Journal*, Vol. 13, No. 2, 2010, pp. 145 – 176.

Lee, L. and J. Yu, "Estimation of Spatial Autoregressive Panel Data Models with Fixed Effects", *Journal of Econometrics*, Vol. 154, No. 2, 2010, pp. 165 – 185.

Lerner J. and U. Malmendier, "With a Little Help from My (Random) Friends: Success and Failure in Post-Business School Entrepreneurship", *Review of Financial Studies*, Vol. 26, No. 10, 2013, pp. 2411 – 2452.

Levine P. B. et al., "More Bad News for Smokers? The Effects of Cigarette Smoking on Wages", *Industrial and Labor Relations Review*, Vol. 50, No. 3, 1997, pp. 493 – 509.

Lewbel A., S. Norris and K. Pendakur et al., "Consumption Peer Effects and Utility Needs in India", Boston College Working Papers in Economics, 2020.

Li Q., W. Zang and L., "An. Peer Effects and School Dropout in Rural China", *China Economic Review*, Vol. 27, 2013, pp. 238 – 248.

Ling C., A. Zhang and X. Zhen, "Peer Effects in Consumption Among Chinese Rural Households", *Emerging Markets Finance and Trade*, Vol. 54, No. 10, 2018, pp. 2333 – 2347.

Loayza N., K. Schmidt – Hebbel and L. Servn, "Saving in Developing Countries: An Overview", *The World Bank Economic Review*, Vol. 14, No. 3, 2000, pp. 393 – 414.

Lockwood L. M., "Bequest Motives and the Annuity Puzzle", *Review of Economic Dynamics*, Vol. 15, No. 2, 2012, pp. 226 – 243.

Lockwood L. M., "Incidental Bequests and the Choice to Self – Insure Late – Life Risks", *American Economic Review*, Vol. 108, No. 9, 2018, pp. 2513 – 2550.

Lokshin M. and K. Beegle, "Forgone Earnings from Smoking: Evidence for a Developing Country", World Bank Policy Research Working Paper, 2006, No. 4018.

Mas A. and E. Moretti, "Peers at Work", *American Economic Review*, Vol. 99, No. 1, 2009, pp. 112 – 145.

Manski C. F., "Identification of Endogenous Social Effects: The Reflection Problem", *The Review of Economic Studies*, Vol. 60, No. 3, 1993, p. 531.

Maturana G. and J. Nickerson, "Teachers Teaching Teachers: The Role of Workplace Peer Effects in Financial Decisions", *The Review of Financial Studies*, Vol. 32, No. 10, 2019, pp. 3920 – 3957.

Meghir C. and Pistaferri L., "Income Variance Dynamics and Heterogeneity", *Econometrica*, Vol. 72, No. 1, 2004, pp. 1 – 32.

Meghir C. and Pistaferri L., "Earnings, Consumption and Life Cycle Choices", *in Handbook of labor economics*, Elsevier, 2011.

Modigliani F. and Cao S. L., "The Chinese Saving Puzzle and the Life – Cycle Hypothesis", *Journal of Economic Literature*, Vol. 42, No. 1, 2004, pp. 145 – 170.

Moretti E., "Social Learning and Peer Effects in Consumption: Evidence from Movie Sales", *The Review of Economic Studies*, Vol. 78, No. 1, 2011, pp. 356 – 393.

Murphy K. M. and R. H. Topel, "The Value of Health and Longevity", *Journal of Political Economy*, Vol. 114, No. 5, 2006, pp. 871 – 904.

Nakajima M. and I. A. Telyukova, "Medical Expenses and Saving in Retirement: The Case of US and Sweden", Working Paper, 2019.

Nakajima M. and I. A. Telyukova, "Home Equity in Retirement", *International Economic Review*, Vol. 61, 2020, pp. 573 – 616.

Odum A. L., G. J. Madden and W. K. Bickel, "Discounting of Delayed Health Gains and Losses By Current, Never – And Ex – Smokers of Cigarettes", *Nicotine & Tobacco Research*, Vol. 4, No. 3, 2002, pp. 295 – 303.

Orphanides A. and D. Zervos, "Rational Addiction with Learning and Regret", *Journal of Political Economy*, Vol. 103, No. 4, 1995, pp. 739 – 758.

Olafsson A. and M. Pagel, "The Retirement-Consumption Puzzle New Evidence from Personal Finances", NBER Working Paper, 2018, No. w24405.

Ouimet P. and G. Tate, "Learning from Coworkers: Peer Effects on Individual Investment Decisions", *The Journal of Finance*, Vol. 75, No. 1, 2020, pp. 133 – 172.

Ouyang M. and Peng Y., "The Treatment – Effect Estimation: A Case Study of the 2008 Economic Stimulus Package of China", *Journal of Econometrics*, Vol. 188, No. 2, 2015, pp. 545 – 557.

Pagel M., "Expectations – Based Reference – Dependent Life – Cycle Consumption", *The Review of Economic Studies*, Vol. 84, No. 2, 2017, pp. 885 – 934.

Pesaran M. H. and Smith R. P., "Counterfactual Analysis in Macroeconometrics: An Empirical Investigation into the Effects of Quantitative Easing", *Research in Economics*, Vol. 70, No. 2, 2016, pp. 262 – 280.

Sacerdote B., "Peer Effects with Random Assignment: Results for Dartmouth Roommates", *The Quarterly Journal of Economics*, Vol. 116, No. 2, 2001, pp. 681 - 704.

Santaeulàlia - Llopis R. and Zheng Y., "The Price of Growth: Consumption Insurance in China 1989 - 2009", *American Economic Journal: Macroeconomics*, Vol. 10, No. 4, 2018, pp. 1 - 35.

Schultz T. W., "Investment in Human Capital", *American Economic Review*, Vol. 51, No. 1, 1961, pp. 1 - 17.

Sloan F. A., V. Kerry Smith and Donald H. et al., "Information, Addiction, and 'Bad Choices': Lessons from a Century of Cigarettes", *Economics Letters*, Vol. 77, No. 2, 2002, pp. 147 - 155.

Shaper A. G., G. Wannamethee and M. Walker, "Alcohol and Mortality in British Men: Explaining the U-Shaped Curve", *Lancet*, Vol. 332, No. 8623, 1988, pp. 1267 - 1273.

Song M. and Yang D. T., "Life Cycle Earnings and the Household Saving Puzzle in a Fast - Growing Economy", Chinese University of Hong Kong, Working Paper, 2010.

Tagkalakis A., "The Effects of Fiscal Policy on Consumption in Recessions and Expansions", *Journal of Public Economics*, Vol. 92, No. 5 - 6, 2008, pp. 1486 - 1508.

Tomer J. F., "Addictions are Not Rational: A Socio - Economic Model of Addictive Behavior", *Journal of Socio - Economics*, Vol. 30, No. 3, 2001, pp. 243 - 261.

Wei S. J. and X. Zhang, "The Competitive Saving Motive Evidence from Rising Sex Ratios and Savings Rates in China", *Journal of Political Economy*, Vol. 119, No. 3, 2011, pp. 511 - 564.

Winston G. C., "Addiction and Backsliding: A Theory of Compulsive

Consumption", *Journal of Economic Behavior & Organization*, Vol. 1, No. 4, 1980, pp. 295 – 324.

Woodruffe – Burton H., S. Eccles and R. Elliott, "The Effect of Gender on Addictive Consumption: Reflections on Men, Shopping and Consumption Meaning", in P. Maclaran (ed), *GCB-Gender and Consumer Behavior* Vol. 6, Paris: Association for Consumer Research, 2002.

Yang J., J. Li and Y. Cao, "Analysis of Peer Effects on Consumption in Rural China Based on Social Networks", *Applied Economics*, Vol. 55, No. 6, 2023, pp. 617 – 635.

Yu J. and G. Zhu, "How Uncertain is Household Income in China", *Economics Letters*, Vol. 120, No. 1, 2013, pp. 74 – 78.